AF197841

Andreas Altmann studierte Psychologie und Jura, arbeitete in verschiedenen Berufen, danach Ausbildung zum Schauspieler am Mozarteum in Salzburg. 1979 Aufenthalt in einem indischen Ashram. Zwischen 1981 und 1985 lebte er zeitweilig in einem buddhistischen Zenkloster in Kioto, unternahm lange Reisen durch Asien, Afrika und Südamerika und arbeitete 1986 in New York als Ghostwriter. Seit 1987 Reportagen für *ZEIT-Magazin, Geo, Tempo, Stern, Playboy, Merian, SZ-Magazin, Focus* und ausländische Zeitschriften. Seit 1992 lebt Andreas Altmann in Paris. Im selben Jahr erhielt er den Egon-Erwin-Kisch-Preis.

© Karin Lange

In der Reihe der rororo-Taschenbücher liegen außerdem vor «Einmal rundherum. Geschichten einer Weltreise» (rororo 22931) und «Notbremse nicht zu früh ziehen! Mit dem Zug durch Indien» (rororo 23374).

«Altmann hat den menschlichen Blick auf die Zustände bewahrt, er wertet nicht, er fühlt mit, er sieht das Elend, aber er sieht auch Witz, Schönheit, Poesie. Es ist ein spannendes, ein unterhaltendes und ein zutiefst menschliches, warmes Reisebuch, geschrieben von einem klugen Mann, der literarisch über diesen Kontinent Bescheid weiß und doch das naive Staunen nicht verlernt hat. Und das Lieben nicht. Alle Achtung.»   *Elke Heidenreich*

«Ein fesselndes Buch.»   *Tagesspiegel*

Andreas Altmann

Weit weg vom Rest der Welt

In 90 Tagen von Tanger nach Johannesburg

Rowohlt Taschenbuch Verlag

6. Auflage April 2025
Veröffentlicht im Rowohlt Taschenbuch Verlag,
Rowohlt Verlag GmbH, Kirchenallee 19, 20099 Hamburg
Neuausgabe August 2005
Originalausgabe
Zuerst veröffentlicht im Rowohlt Taschenbuch Verlag,
Reinbek bei Hamburg, Oktober 1996
Copyright © 1996 by Rowohlt Taschenbuch Verlag GmbH,
Reinbek bei Hamburg
Die Nutzung unserer Werke für Text- und Data-Mining
im Sinne von §44b UrhG behalten wir uns explizit vor.
Umschlaggestaltung any.way, Barbara Hanke / Cordula Schmidt
(Foto: Leblond / mauritius images)
Typografie Farnschläder & Mahlstedt, Hamburg
Satz aus der Swift EFOP
Printed in Germany
ISBN 978-3-499-23993-9

Kontaktadresse nach EU-Produktsicherheitsverordnung:
produktsicherheit@rowohlt.de

Für Gesine

Albert Camus: «Wenn es eine Sünde gibt gegen das Leben, dann besteht sie nicht so sehr darin, an ihm zu verzweifeln. Wohl aber darin, auf ein anderes Leben zu hoffen und sich damit der unerbittlichen Größe dieses Lebens zu entziehen.»

Erstes Kapitel

Hier wohnt einer, der macht süchtig. Sein Trotz der Welt gegenüber und seine so nachdrücklich gepflegte Boshaftigkeit im Umgang mit Männern und Frauen, sie verführen. Zeugen sie doch von einer souveränen Brillanz. Der Sechzigjährige ist ein Aufsässiger, einer, der alles riskiert, um sein Leben, das so kaputte, so einmalige, nicht zu verraten. Und ein Bereicherer. Jedes Mal, wenn wir uns treffen, beute ich ihn aus. So sehr erheitern seine Sprüche und Widerreden.

Auch diesmal. Zwei Stunden nachdem ich in Tanger landete, klopfte ich an seine Tür. Eine drei Monate lange Reise durch Afrika liegt vor mir, und ich will den Verführer vorher noch sehen. Damit ich die Erinnerung an ihn mitnehmen kann. Als Wegzehrung für weniger heitere Stunden.

Mohamed Choukri öffnet. Ich habe Glück, und er erinnert sich an mich. In der Zwischenzeit war er mindestens ein halbes tausend Mal betrunken, und die Gefahr, irgendwann aus seinem Hirn zu verschwinden, weggeschwemmt von einem letzten Kognak, diese Gefahr besteht. Täglich ab 4 Uhr nachmittags.

Er hat noch immer Flecken auf der Hose, und noch immer stehen die zwei Betten in seiner Wohnung. Das breite für den Damenbesuch, das schmale zum Überleben: Auf ihm schreibt er. Das Beste, was er darauf produziert hat, machte ihn berühmt. «Le pain nu», das nackte Brot, ein Tatsachenbericht aus der Hölle seiner Jugend. Sein Vater, der Prügler und Mörder. Sein Hunger und die Brotrinden aus den Abfalltonnen. Sein einsames Geschlecht und die tierische Lust auf Schafe und Ziegen. Fünfzig Jahre später sind die Wunden verheilt. Nur die Narben schmerzen. Er behandelt sie jeden Tag mit einem dunkelschwarzen ätzenden Humor.

Unten auf der Straße, wir biegen gerade rechts ab in die nächste Bar, wird er von mehreren Leuten begrüßt. Einer umarmt ihn. Wie ihn das ärgert. «Je n'aime pas être trop aimé», flucht er hinterher. Jeder Anflug von Nähe erschreckt ihn. Ich frage nach, und er bestätigt die jahrzehntealten Spielregeln. Oberstes Gebot: «pas trop coller», nur nicht zu nahe ran. Das gilt besonders für seine Beziehungen zu Frauen. Einen halben Tag will er investieren, um sie Richtung großes Bett zu manövrieren. Bleibt sie, nach dem Manöver, dort liegen, klebt sie bereits. Und das gilt es zu vermeiden. Zudem muss er sich ab 11 Uhr nachts in der Nähe seines Schreibtischs befinden. Also rüber aufs schmale Bett. Um das zu tun, was seinem Leben «sens et existence», Sinn und Wirklichkeit, verleiht: schreiben.

Der Schriftsteller kämpft, noch immer. Und Kämpfe, die nicht in Reichweite seines Computers stattfinden, verliert er. Gestern war er in Rabat, um Gespräche mit seinem Verleger zu führen. Auf dem Weg zurück in sein Hotel wurde er überfallen. Vier Rowdys verprügelten ihn, konfiszierten seine Tasche mit Kassettenrecorder, Tonbändern, Scheckheft und Büchern. Choukri hat daraus die ihm ganz eigene

Konsequenz gezogen. Ein Jahr lang wird er jetzt das Fax mit sich herumtragen, mit dem er die Bank informierte, um sein Konto zu sperren. Das Stück Papier soll ihn an die Gemeinheit der Welt erinnern. Und an seinen Schwur, während der nächsten zwölf Monate keine Almosen mehr zu geben. Nicht an Greise, nicht an Kinder. Denn die jungen Raufbolde gehörten zur Rasse der Bettler und Taugenichtse. Und die muss er jetzt bestrafen.

Mich scheint er zu mögen. Weil ich den Zeitpunkt nicht verpasse, rechtzeitig zu verschwinden. Als ich ihn das letzte Mal einlud, watschte er den Kellner. Weil er ihn verdächtigte, mich zu prellen. Diesmal geht alles gut. Der Kellner hat nichts draufgeschlagen, die Rechnung stimmt. Es ist kurz nach 22 Uhr, durch die Straßen Tangers streunen «les chiens de la nuit», die Hunde der Nacht. Choukri streunt nach Hause. Er will jetzt einsam sein, er muss jetzt schreiben.

Tanger lässt nicht los. Noch immer ist es die dunkelste, geheimnisvollste Stadt im ganzen Maghreb. Noch immer weht hier ein Aroma, das so vieles verspricht. Zu reich, zu verrückt war seine Vergangenheit. Hundertschaften von Suchern und Sehern, von Kiffern und Depressiven, von Totschlägern und Päderasten, von genialen Verlierern und gottbegnadeten Faultieren kamen hier vorbei. Seine Ausstrahlung auf Schreibende und andere Unglückliche war enorm. Das berühmteste, das berüchtigtste Trio, das hier eintraf, bildeten Allen Ginsberg, Jack Kerouac und William S. Burroughs. Die drei stiegen im «El Muniria» ab. Ginsberg war gerade aus der Psychiatrie entlassen worden, Kerouac galt als schwer trunksüchtig, und Burroughs hatte Wochen zuvor seine Frau erschossen. Anders hätte er wohl nicht auf Zimmer 9 der unscheinbaren Pension ein Manuskript halluzinieren können, das in die Weltliteratur einging: «The Naked Lunch». Mit wahrhaft grausamer Aufrichtigkeit beschrieb Burroughs seine infernalischen Trips als Junkie. Denn zum nackten Mittagessen gab es immer nur eins, Heroin.

Ich wohne in dem kleinen Hotelzimmer, in dem Kerouac seine Schreibmaschine bearbeitete. Amerikas berühmtester Trunkenbold war so im Sprachrausch befangen, dass er morgens fünfzig Blätter aneinanderklebte, um meterlang durchhämmern zu können, ohne – man bedenke die alkoholfahrigen Hände – jedes Mal neu einspannen zu müssen.

Ich treffe Kacem. In seiner mit rosa Hirtenteppichen ausgelegten Villa steht kein einziges Buch. Kacem plagen andere Sehnsüchte. Er ist Spediteur. Drogenspediteur. Er hält mich für einen Herumtreiber und will mich anheuern. Der Hinweis auf meine Vergangenheit als angeblicher Scheckbetrüger beruhigt ihn. Zügig werde ich eingeweiht. Der siebenundzwanzigjährige Multimillionär erklärt, wen er wo abschmiert, wer die gestohlenen Pässe liefert, wo er die Reserveplomben für seine Lastwagen organisiert, welcher Mensch im Zollamt was verlangt, wie er sich – jetzt tauche ich in seinen Plänen auf – die Vergrößerung seines Verteilerrings in Deutschland vorstellt.

Unser Gespräch ist flüssig, nur einmal unterbrochen von Kacems dringlichem Bedürfnis, sich hinter einer schwarzen Schleiflacksäule – der Familienvater ist streng gläubig – niederzuknien und gen Mekka zu flüstern. Gestärkt vom Gebet, schlägt er mir noch ein Zubrot vor. Bei Avis und Hertz die Luxusklasse anmieten und hierher nach Afrika in seine Werkstatt abschleppen. Hinterher anrufen, gestohlen melden, eincashen. Und die Kiste an einen Offizier der marokkanischen Armee verschachern. Wieder eincashen, wieder «fifty-fifty». Der Hausherr lässt großzügig auftragen. Ich soll wissen, dass er sich nicht lumpen lässt. Zum Nachtisch dreht er ein paar würzige Joints. Stilles, meditatives Rauchen. Ich bitte um Bedenkzeit.

In Tanger muss man sich bewaffnen. Es dauerte lange, bis ich die passende Rüstung fand. Unbewaffnet bleibt jeder Fremde auf der Strecke. Erlegt von Horden arbeitsloser Schlitzohren, die sich einem als fliegende Straßenhändler in den Weg stellen und alles handeln. Viele nennen sich «chercheur» oder «fournisseur», Sucher oder Beschaffer. Und sie suchen und beschaffen alles. Männerfleisch, Frauenfleisch, die Urkunde einer erfolgreichen Beschneidung, einen marokkanischen Pass, einen heimlichen Fluchtweg nach Spanien, eine Adresse zur (chirurgischen) Wiederbeschaffung der Jungfräulichkeit meiner Schwester, ein Plätzchen in einer Opiumhöhle, Gold und Edelstein, eine Kiste Heroin, eine gelernte Putzfrau, die Dienste eines «freelance»-Schlossers.

Andersherum funktioniert es auch. Man selbst ist Objekt der Sehnsucht. So einfach geht das:

– Wie heißt du?

– Andrej Andrejewitsch.

– Andrej, ich würde dich gern heute Abend besuchen.

Damit mich Mohamed – ich kenne so viele Mohameds, dass ich sie in Mohamed I., II., III. etc. einteile – heute Abend nicht besucht, damit Abdelkadar mich nicht (schon wieder) in den Privatpuff seines «Onkels» abschleppt und damit ich kein sechzehnteiliges Teeservice in meinen Rucksack packen muss, deshalb die Waffen. Tangers Streuner gehören zu den raffiniertesten, den geriebensten der Welt. Die ersten Male waren sie alle meine Feinde. Unverwundbar, unbesiegbar. Weil ich die falsche Ausrüstung dabeihatte. Ich wollte sie einschüchtern, sie niederschreien, sie fortjagen. Wie aussichtslos, wie rechthaberisch, wie europäisch.

Diesmal, beim vierten Besuch, habe ich verstanden. Wieder bin ich bis zu den Zähnen bewaffnet. Aber jetzt mit Leichtigkeit, mit ein paar Sprüchen, mit einem Buckel voller Lügengeschichten, Hirngespinsten, Ausreden und Räuberpistolen. Nun bin ich gleichberechtigt. Jeden Trick zahle ich mit einem anderen Trick heim. Das macht allen Freude. Jeder glaubt, den anderen eingekocht zu haben. Heiter und ohne Groll gehen wir auseinander.

Deshalb auch mein Nom de Guerre. Mohamed VI. ist fest davon überzeugt, dass er mir, Andrej Andrejewitsch, heute Abend um 7.30 Uhr hinterm Hotel «Ibn Batouta», zwanzig Gramm seines miserablen, mit Backpulver und Mehl gestreckten Kokains verhökern wird. Während Rahman noch immer glaubt, dass ich morgen Nachmittag mit «meinen drei italienischen Geschäftsfreunden» bei ihm vorbeikommen werde, um seinen maschinell hergestellten Billigplunder als «original handgewebte Berberteppiche» einzukaufen. Treffe ich dann die beiden irgendwann die nächsten

Tage, so werden uns neue Listen einfallen, um uns gegenseitig übers Ohr zu hauen.

Außerdem trage ich, zum ersten Mal, grüne Schuhe. Auch das ein Ergebnis hartnäckiger Marktforschung. Damit entziehe ich mich schlagartig einem gehörigen Prozentsatz der marokkanischen Bevölkerung. Kein Schuhputzer hat grüne Wichse. Eine halbe Stunde lang kann ich jetzt am Boulevard Pasteur sitzen und einen Kaffee trinken, ohne zehn Ausflüchte erfinden zu müssen, warum meine Schuhe im Augenblick nicht geputzt werden wollen. Dass des Öfteren der dünne Tahar vorbeischleicht, sich höflich verbeugt und fragt, ob er meine Tasse leer trinken darf, damit kann ich leben. Seit Jahren trinkt er meine und anderer Leute Tassen leer. Verbeugen, schlürfen, verbeugen, das ist ein hartes Brot.

Johannesburg liegt siebentausend Kilometer weiter südlich. Ich muss fort. Busfahrt nach Rabat. Mit Videounterhaltung. Das geht so: Man sieht zwei Leichen, eine schreiende Frau, die Großaufnahme einer .45er Magnum. Peng. Schluss.

Das erinnert an amerikanische Nachrichtensendungen. Vor dem Werbeblock sagt der Sprecher: «Bleiben Sie am Gerät. Für mehr Informationen über den texanischen Kindergartenmörder und das Vergewaltigungsdrama im Lincoln Hospital.» Während er spricht, sieht man für Sekunden den Massenmörder und das Vergewaltigungsopfer. Als Vorgeschmack auf weitere Details nach der Werbung. So auch hier. Nach kurzer Pause beginnt der Film. Wir haben Glück und kommen davon. Nach zehn Minuten und mitten im dritten Schusswechsel reißt das Videoband. So ist Stille und Zeit, hinaus aufs grüne Meer zu blicken. Nicht lange. Der Fahrer legt nach. Jetzt läuft eine ägyptische Familiensaga. Ohne einen einzigen Schießprügel, dafür mit zwölf ununterbrochen kreischenden Stimmen. Nun plötzlich Sehnsucht nach der Magnum. Um reinzuknallen. Damit der Terror der Verblödung ein Ende hat.

Moulaye sitzt neben mir. Mauretanier, der in Marokko studiert. Er, Araber, warnt mich vor den Schwarzen in seinem Land: «Sei auf der Hut. Nicht einem von ihnen kannst du trauen.» Auf dem Flug nach Tanger traf ich Boubacar, einen mauretanischen Schwarzen. Er war gleichfalls besorgt um mich: «Achtung, Araber. Sont tous les escrocs, sind alles Betrüger.» Ich bin also gewarnt. Vor den einen wie den anderen. Sprächen sie die Wahrheit, ich hätte keine Chance. Wie so durch fünfzehn Länder reisen? Wie heil vorbeikommen an Millionen Kriminellen?

Ich will nicht hinhören, will mich beschützen mit Brechts anstrengendem Satz, dass die Wahrheit immer konkret sei. Wohl wissend von anderen Touren, dass ich nicht immer durchhalten werde. Dass Augenblicke kommen werden, in denen ich die Hasskappe aufsetze. Reisen bildet. Und wären es nur Einblicke in die eigenen Abgründe.

Schönes Rabat. Das Meer, der Himmel, die tausend Kaffeehäuser. Dasitzen und zuschauen, «comme la vie passe», wie das Leben vorbeigeht. In Arabien ist das eine Kultur. Weltmeisterlich vervollkommnet zur Kunst. So ein Ort ist so vieles. Wartezimmer, Wärmestube, Nachrichtenbörse, Schlafstelle, Zweitwohnung. Platz zum Träumen. Voll von armen Schluckern ohne Arbeit, ohne Geld. Hier bezahlen sie nicht den Kaffee, sondern den Stuhl, die Zeit, den Aufenthalt. Dafür, dass sie stundenlang sitzen bleiben dürfen und schauen. Diszipliniert «strecken» sie ihren Espresso. Wie die Crackheads in New York ihr Crack. Damit sie nicht nachbestellen müssen. Damit für ein paar Dirham der ganze Tag vergeht.

Irrwege durch die Medina. Ich nehme nie einen Reiseführer mit. Will keine «Gebrauchsanweisung für Marokko» lesen. Weil ich mich verirren möchte. Weil so die Chancen größer sind, dem Fremden, dem Wunderlichen auf die Spur zu kommen.

Der blinde Aziz, der kerzengerade dasteht und den Vorübergehenden seine Blindheit zuruft. Und den Dank Allahs, wenn die anderen sich seiner erbarmen. Bis auf den letzten Tag wird er so sein Geld verdienen. Er hat nichts anderes zu verkaufen. Nur die Tatsache, dass er nichts sieht. Dieses Elend ist sein Einkommen. Seine schöne rechte Hand streckt er ins Leere: «Benit soit vôtre âme grace à dieu.»

Zehn Meter weiter stehen andere Bettler. Sie lamentieren gemeinsam. Einer ist nicht blind. Dafür sitzt er ohne Füße im Rollstuhl. Ein Plastikbeutel mit Urin hängt über seinem Kopf. Wie als Ausrufezeichen. Zeige deine Wunde. Sie zeigen sie mit unbegreiflichem Gleichmut.

In einer Teestube bin ich für eine halbe Stunde der einzige Gast. Der Wirt blättert in der Zeitung. Das Radio läuft. Der Sprecher liest ein Märchen vor, im Hintergrund spielt leise Musik. Ein seltsamer Zauber liegt in der Stimme des Erzählers. Zum ersten Mal erfahre ich die Schönheit der arabischen Sprache. Wie warm, wie elegant sie klingen kann.

Kein Gezänk, kein geifernder Mufti, kein Fatwa schleudernder Ajatollah, kein jagender Appell zum Heiligen Krieg. Alles Stimmen, die ich – ganz unbewusst – mit dieser Sprache verband. Jetzt erzählt einer ein Märchen. Wie er einlullt, wie er besänftigt.

Draußen auf der Gasse schenkt mir Allah einen kleinen Mann. Es ist Mohamed XVIII. Ich höre ihn hinter mir rufen: «Geben Sie mir, bitte sehr, eine Zigarette. Auf dass Gott Sie segne.» Für die paar Gramm Tabak zahlt er mit einem langen Nachmittag. Er hat Zeit für mich.

Mohamed sieht verbeult aus. Steht er zu lange, fällt er um. Eine Stunde gehen, eine Stunde sitzen. Anders kommt er nicht über den Tag. So ziehen wir in sein Stammlokal, ins «Café du capitain». Er holt ein Foto aus seiner löchrigen Brieftasche. Das ist er, ein hübscher Kerl im Sommer 67. Ein Monat später prescht sein bester Freund, schwer betrunken und mit Mohamed (nüchtern) auf dem Beifahrersitz, gegen eine Mauer. Dabei verliert der Kleine mehrere Dinge auf einmal. Seine Zähne, sein hübsches Gesicht, seine Arbeit, seine Wohnung.

Im Krankenhaus hört das Malheur nicht auf. Er fällt bewusstlos aus dem Bett, bricht sich beide Beine und den linken Kiefer. Siebenundzwanzig Jahre später hängt die linke Backe noch immer seltsam schief, das ausgeleierte Gebiss klappert, die verwachsenen Füße schlurfen.

Mohameds Gemüt hat den Crash ohne Beulen überstanden. Er wollte immer weiterleben, auch so. Vorher war er Automechaniker, jetzt hat er zwei andere Berufe. Kerzenträger und Glückwünscher. Als er mich ansprach, kam er gerade von einem frommen, reichen Moslem, dem er jeden dritten Tag drei Kerzen liefert.

Nach vier Stunden Pfefferminztee trinken, rauchen, handlesen, plaudern und dösen, machen wir uns auf den Weg zu seinem zweiten Arbeitsplatz. Als wir an einer Moschee vorbeikommen, ist gerade das vierte Gebet fällig. Mohamed lässt keines aus. «Weißt du», sagt er, «ich geh hinein und lass alles bei Allah. Dann geh ich hinaus und bin leicht.» Er erleichtert sich und zieht mich beschwingt weiter. Bis wir vor einer Frauenklinik stehen. Eingang «Entbindung». Ich soll auf die andere Straßenseite gehen und zuschauen, was jetzt kommt.

Wunderbarer, einmaliger Mohamed. Er setzt sich neben das Tor und wartet. Sobald eine Schwangere das Gebäude betritt, steht er auf, lüftet höflich die Mütze und sagt schwungvoll und fröhlich: «Auf dass der Herr segne, was Sie in Ihrem Bauch herumtragen.» Und er landet, die Frauen lachen und holen ein paar Münzen aus der Börse. Nach dem fünften Mal zwinkert er zu mir herüber. Er grinst. Ich soll verduften. Er muss jetzt arbeiten.

Auf dem Weg zurück erinnere ich mich an einen Abend in Algeciras, Stadt an der spanischen Südküste. Vielleicht hat der Gedanke mit den schwangeren Frauen zu tun. Mit Sinnlichkeit, mit Erotik. Nach einer langen Reise durch Nordafrika kam ich wieder nach Europa. Und in dieser ersten «westlichen» Stadt sah ich ein Pärchen sich küssen. Ich wendete gleich zweimal den Kopf, so überraschend war plötzlich dieses Bild, so neu und jäh, so restlos verschwunden aus meinem Bewusstsein. In der arabischen Welt gibt es keine öffentlichen Küsse. Nur die dicken Bäuche zeugen davon, dass zwei sich geküsst haben. Heimlich, immer heimlich.

Dazu passt die Meldung im «Matin» vor einigen Tagen. Das saudi-arabische Regime verbietet das Aufstellen von Parabolantennen. Damit der Einfluss des Westens – pornographisch, demokratisch – aufhört. Das entspricht haarscharf der allseits praktizierten Heuchelei. Trotzdem, der Versuch einer Regierung, seinem Volk den Anblick internationalen Fernsehmülls zu ersparen, hat durchaus seine positiven Aspekte.

In Rabat bin ich beschäftigt. Zwischen Medina und der Botschaft der «Islamischen Republik von Mauretanien» vergehen die Tage. Zäh sein, betteln, lügen. Und die Kunst, die Lebenszeit totzuschlagen. Anders kommt man zu keinem Visum. Das Land ist an Fremden nicht interessiert. Was sie an Geld bringen, machen sie durch ihren schlechten Einfluss wieder kaputt. So heißt es, inoffiziell und versteckt in kurzen, halblauten Nebensätzen. Man hockt und schwitzt. Bis sich nach zwei Stunden ein Angestellter ins Wartezimmer verirrt, um mitzuteilen, dass Monsieur le Consul beim Onkel Doktor ist. So geht das eine knappe Woche. Auch ein sündteures Flugticket muss her, von Casablanca zur Hauptstadt Nouakchott. Weil die Einreise über Land verboten ist. Offiziell.

Was für ein Aufwand an Falschmeldungen, Hintergedanken und versteckten Absichten, um ein Land besuchen zu dürfen, wo man lange nicht wüsste, was man ihm rauben, welche Geheimnisse man ihm entreißen könnte.

Hocken und schwitzen und alle dreißig Sekunden eine Bürotür, deren Quietschen die Ohren der fünf anwesenden Weißen zersägt. Die Angestellten hören nichts. Das, denke ich, ist der Unterschied. Bis zum Jüngsten Tag wird es hier quietschen. Und so lange werden die einen zusammenzucken und die anderen lässig weghören.

Mit dem Stempel im Pass gehe ich zur deutschen Botschaft. Man klärt mich auf. Der Süden Marokkos, die sogenannte Westsahara, wird von der Bundesrepublik und der EG nicht als marokkanisches Hoheitsgebiet anerkannt. Das Gebiet gehört den Saharauis, die unter der Führung der Polisario Krieg gegen die Armee von Hassan II. führen. Es gibt folglich keine «konsularische Zuständigkeit» der BRD für diese 266 000 umstrittenen Quadratkilometer. In viel einfacheren Worten: Sollte ich doch den (verminten) Landweg versuchen, so ist, im Unglücksfall, mit keiner Hilfestellung der Bundesregierung zu rechnen. Ich müsste also meine abgerissenen Glieder selbst einsammeln und dafür Sorge tragen, dass sie operativ zurück an meinen Körper gelangen. Damit keine Missverständnisse aufkommen – eine solche Hilfe könnte zu «diplomatischen Verwicklungen auf höchster Ebene» führen –, bekomme ich die Absage schriftlich.

Am nächsten Morgen löse ich eine Fahrkarte Richtung Süden. Mit dem Arbeitgeber war vereinbart, dass ich ein Flugzeug nur in Notfällen betreten darf. Das ist kein Notfall. Der wird kommen, ich weiß es. Und dann werde ich froh sein, wenn ich davonfliegen darf.

Im Bahnhof lese ich Paul Morand, den Weltmeister aller Reisenden. «L'homme pressé», mit der Stoppuhr in der Hand rannte er los, ein Leben lang hungrig nach allen Erscheinungen der Welt. Wie er sich lustig machte über die anderen, die ihm immer «le délit de fuite», das Vergehen der Flucht, vorwarfen. Weil er dem Stumpfsinn davonlief, weil er fern sein wollte dem Jammer eines mutlosen Lebens. Glaubt man seinen Kritikern, ist Hockenbleiben der letztgültige Ausdruck von Mut und Widerstand. Wie Morands Reden mit Sehnsucht vergiften. «Je me déplace, donc je suis», rief er ihnen zu. Ich bewege mich, also bin ich.

Zweites Kapitel

Dreißig Sekunden lang träume ich, König zu sein. Hassan II., König von Marokko. Der Traum hat Gründe. Seit Tagen lese ich die hiesige Presse. Ununterbrochen dankt darin das Volk seinem König. Ich wache auf, im Traum, und lese in allen Zeitungen, dass mich wieder alle – wie gestern, wie immerfort – loben. «Dass Gott mir beistehe und mich bewahre», so schreiben sie über mich, den «Zusammenführer», den «Retter», den «Einiger».

Als ich tatsächlich aufwache, im wirklichen Leben, bin ich wieder ich. Die Hitze foltert, keiner wispert ein lobendes Wort in mein Ohr. Ich öffne die schweißverkrusteten Augen und glotze auf eine flimmernde Leinwand. Ich bin ab sofort kein König mehr, nur noch einer von sechsunddreißig armen Teufeln, die in einem luftdicht genieteten Bus durch die Wüste fahren. Die ersten zehn von achtzehnhundert Kilometern haben wir bereits hinter uns. Von Rabat nach Dakhla im tiefen Süden ist es weit. Damit wir durchhalten, gibt es ein Bordkino. Der Titel des Videofilms passt: «48 Stunden zum Überleben».

Schon sensationell. Draußen die weite Welt, drinnen achtundzwanzig Zentimeter Mattscheibe. Kein Entkommen. Das Medium, das Ding zwischen der Wirklichkeit und den Menschen, scheint attraktiver als die Wirklichkeit. Meine Augen sehen durch das Fenster eine Bauernfamilie ihren Weizen dreschen, und meine Ohren hören drei Todes-schreie aus der South Bronx. Wäre ich noch König, könnte ich jetzt abschalten lassen. Aber ich bin aufgewacht, bin wieder sterblich und normal. Zwei Stunden lang dreschen marokkanische Bauern unter dem mörderischen Sound-track aus Hollywood ihren Weizen.

Der Abend kommt, es wird friedlich. Auch die Sonne zeigt Erbarmen, sie verschwindet sanft. Der Bus schaukelt, Seelenruhe kehrt ein. Zwei Uhr nachts erreichen wir Tar-faya. Dieser Ort hat auf seltsame Weise mit einem Buch zu tun, das zu den berühmtesten der französischen Literatur gehört. Der erste Dialog zwischen den Helden und dem Au-tor klingt so:

– Bitte … zeichne mir ein Schaf.

– Wie bitte?

– Zeichne mir ein Schaf …

Diese Zeilen schrieb Antoine de Saint-Exupéry, zehn Jahre nachdem er mitten im Wüstensand, ganz nah bei Tarfaya, notlanden musste. Während er den Motor reparierte, kam ihm die Idee eines Kindes, eines kleinen Prinzen von einem anderen Stern. Er brauchte den Kleinen. Um seine Einsam-keit zu lindern.

Kurzer Stopp. Einige Männer knien nieder, Zeit für das Morgengebet. Es ist stockfinster. Damit keiner in die fal-sche Richtung murmelt, fragt man fürsorglich nach dem Standort von Mekka. Hinterher steigt ein Taubstummer zu, verteilt Zettel. Als stille Aufforderung zu einer Geldspende. Nur jeweils ein Wort steht da zu lesen, vorne arabisch, auf der Rückseite französisch: VIE, Leben.

Am nächsten Morgen beginnt Afrika. Und die afrikanische Straßenverkehrsordnung. Am Rande der Piste sitzen Polizisten. Im «Überlandsitz». Wie es im amerikanischen Western den «Überlandgang» gibt – Cowboys, die ihr Pferd verloren haben und nun O-beinig den langen, endlosen Weg antreten –, so gibt es in Arabien den Überlandsitz. Sitzen als Lebensstellung. Der Mensch wartet auf nichts mehr, er ist nur noch «da», lebenslänglich zum Herumhocken verurteilt.

Aber die Herren sind freundlich. Da ich der einzige Ausländer bin, geht es rasch. Einer notiert die Personalien, der andere verscheucht die Fliegen, alle wünschen alles Gute. Ohne Erfolg. Wie bei jeder Reise in ein Land mit einer weniger strikten Lebensmittelverordnung, erwischt es mich auch diesmal. Manchmal habe ich Glück und bin allein. Oft habe ich kein Glück und bin mittendrin. So auch diesmal. Plötzlich jaulende Bauchschmerzen und das peinigende Wissen, dass jetzt alle anhalten müssen, damit ich Erlösung finde. Als ich beim Fahrer vorbei zur Tür hinausrenne, schreit er mir lachend hinterher: «Beeil dich.» Der Witzbold. Während ich hinter die nächste Düne hechte, lachen fünfunddreißig Marokkaner. Erlösung. Freud wusste es längst: «Alle Abgabe von Materie ist Lustgewinn.»

Abends, um 7.30 Uhr, erreichen wir Dakhla, letzte Stadt vor der Grenze nach Mauretanien. Es wimmelt von Militär. Die Regierung pumpt viel Geld in dieses Kaff. Überall weht die Nationalflagge. Hier soll bewiesen werden, dass dieses Gebiet, die vormals spanische Kolonie «Westsahara», nun endgültig zu Marokko gehört. Gegen den rabiaten Widerstand der Ureinwohner, der Saharauis, die ihren eigenen Staat verlangen, die «Demokratische Arabische Republik Sahara». Nicht ohne Erfolge. Auch auf internationaler Ebene. Über siebzig Staaten erkennen das Recht der Saharauis auf Selbstbestimmung an. Unter dem Sand lieg Phosphat. Es geht um Freiheit und Reichtum. Und den Größenwahn von Hassan II.

Ein Referendum ist geplant. Unter Federführung der UNO. Damit die Bewohner des 266000 Quadratkilometer großen Gebiets selbst entscheiden, wohin sie gehören wollen. Das dauert. Jeder Trick ist recht, um die Wirklichkeit zu vertuschen. Im Süden von Dakhla, im letzten, versteckten Zipfel der Halbinsel, liegen riesige Zeltstädte. Seit Jahren. Ohne Kanalisation, ohne Arbeit, ohne Ausweg.

Hier hat der Herr König sein Volk ankarren lassen und zwischengelagert. Für den Tag der Abstimmung. Stimmvieh aus dem Norden des Landes. Wie auswendig gelernt, erzählen sie, dass sie alle Saharauis sind und alles Marokko gehört. Für diese Lügengeschichten werden sie (schlecht) ernährt, (kärglich) bezahlt und mit (falschen) Papieren versorgt. Der Eindruck soll entstehen, dass selbst die Saharauis für die Zugehörigkeit der Westsahara zu Marokko eintreten. Um diese Farce elegant zu verkaufen, hat Hassan II. sogar ein neues französisches Wort erfunden. Bei jeder Gelegenheit schwadroniert er von der «Marocanité» des umstrittenen Gebiets.

Im Bus lernte ich Sayed B. kennen. Ein Saharaui, ein echter. Mit Kontakten nach Tindouf, dem Hauptquartier der Polisario in Algerien. An ein Gespräch war nicht zu denken.

Er schob mir ein Stück Papier mit seiner Adresse zu. Er arbeitet in Dakhla als Elektriker. Als ich ihn besuche, müssen wir in sein Auto steigen und wegfahren. Erst dann wagt er zu reden. Die Stadt ist voller Spitzel. Auch hat er Angst vor der eigenen Verwandtschaft. Einige sind gekauft, arbeiten als Zuträger für den marokkanischen Geheimdienst. Er wirkt bedrückt. Die hiesigen Zeltstädte sind nicht die einzigen. Der Betrug ist gigantisch. Es sieht nicht gut aus für sein Volk.

Man darf sterben, ohne Dakhla gesehen zu haben. Aber an zwei Dinge will ich mich erinnern. Im Bazar gibt es eine «Miroiterie Paris», eine Spiegelei Paris. Bis hinter alle Wüstenhügel hat sich die Eitelkeit der Pariser herumgesprochen. Und nicht weit davon entfernt, steht der Schlachthof, wo mich Oberschlächter Karim darüber aufklärt, dass jede Kamelgurgel Richtung Mekka zeigen muss, um gottgefällig schlachtreif zu sein.

Am nächsten Morgen darf ich weiter. Mein Pensum an Bürokratie habe ich ordnungsgemäß erledigt. Ab jetzt beginnt militärisches Sperrgebiet, und ein einziger Mensch braucht vier Behörden, um da hineinzudürfen. Von der «Nationalen Sicherheit» bis zum Generalstab, jeder will alles wissen. (Auf einer Tür steht «Jefe». Die Spanier sind vor zwanzig Jahren davon, und der Chef hinter der Tür heißt noch immer Jefe.) Da die nächsten 450 Kilometer vermint sind, gibt es zweimal die Woche eine militärische Eskorte. Damit keiner auf der Strecke bleibt. Letztes Jahr blieben drei Ausländer liegen, als Leichen.

Ein Haufen eigenwilliger Subjekte trifft sich um neun

Uhr früh vor dem Polizeiposten am Rande der Stadt. Ich bin der Harmloseste unter ihnen, die anderen sind, so tarnen sie sich grinsend, «Kaufleute». Professionelle Autoschieber, die Fahrzeuge nach Schwarzafrika schaffen, um sie dort cash und unauffällig abzustoßen. Ich zahle, und Fabrice lädt mich hinten auf. Die Kolonne mit dem Jeep an der Spitze, sechs Autohändlern, einem mauretanischen Großvater und zwei Kamelimporteuren aus Dakhla setzt sich in Bewegung.

Fabrice hat Witz. Mit sechzehn warf er Uhr, Haarbürste und Rasierapparat auf den Kehricht und beschloss, sein Leben lang keine Steuererklärung auszufüllen. Dafür vertrieb er (steuerfrei) Harley-Davidson-Maschinen in Europa, zog mit einer Krankenschwester zusammen und bastelte konsequent an dem Image eines «instable», eines Gefährdeten, eines nutzlosen Kantonisten. Mit Erfolg. Sein Ruf bei den französischen Behörden gilt nun seit Jahren als gefestigt. Das Zusenden von Steuererklärungen wurde eingestellt. Er hat Frieden.

«J'sais pas», sagt er, «si je suis un être humain. Mais je sais, que je suis un être vivant.» Ein Wortspiel, das sich nur ungenau ins Deutsche übersetzen lässt: «Ich weiß nicht, ob ich ein menschliches Wesen bin, aber ich weiß, dass ich lebe!» Mit dem in Kürze zu erwartenden Gewinn aus dem Verkauf seines Peugeot 404 wird er ein Ticket buchen. Er braucht dringend Erholung. Diesmal in Australien.

Flache Wüste, rechts und links die vom Wind leergefressenen Felsen. Überall dazwischen die versteckten Sprengladungen. Wir halten uns eisern an die vorgegebene Route.

Wieder die einsamen Polizisten in ihren fliegenverseuchten Baracken. Sie haben nichts. Keinen Strom, kein Telefon, kein Funkgerät. Nur die Pritsche, den Hocker und das große, schmuddelige Buch, in das sie dienstags und freitags die Adressen wildfremder Männer eintragen.

Abends Ankunft in La Gouera, Grenzposten mit Kaserne. Abschied von den Soldaten. Im Schutze von drei riesengroß an die Mauer gepinselten Wörtern – «Dieu, Patrie, Roi» – organisieren Fabrice und Lotfi, der stinkreiche Kamelgrossist, das Abendessen. Als Dessert verteilt Fabrice würziges Haschisch, made in Morocco. Er mag Hassan II. Der Herr König gilt als der Welt größter Besitzer von Cannabis-Latifundien.

Am nächsten Morgen noch einmal zwanzig Kilometer durch Niemandsland. Ohne Begleitschutz. Jetzt schwerer Sand, Hügel, die Flüche der Fahrer, die wegsacken. Nach zwei Stunden ragt eine abgebrochene Skispitze der Firma Fischer aus dem Boden. Daneben ein verrosteter Kotflügel als Schranke, dahinter ein Soldat, der mit seiner MP in der Sonne lungert. Dieser erste Augenschein ist so wahr, so wahrheitsgetreu. Er verrät so vieles über dieses Land. Hier fängt Mauretanien an. Knapp über eine Million Quadratkilometer Fläche, knapp über zwei Millionen Einwohner, knapp unter zwei Dollar durchschnittlicher Tagesverdienst. Und scheu, misstrauisch, verschlossen, weit weg vom Rest der Welt. Was verlockt. Woher ja die Lust auf dieses Land kommt.

Vier Stunden lang werden wir kontrolliert, Papiere und Kofferräume. Dass mein Visum nicht korrekt ist, nur gültig für die Einreise per Flugzeug, fällt ihnen nicht auf. Die Grenzer haben andere Prioritäten. Sie wollen Beute machen. Bei Jean-Paul wird ihre Mühe belohnt. Aus dem Backrohr eines Gasofens – der Bretone handelt neben Autos auch mit Alteisen – ziehen sie einen Kasten Bier und, noch delikater in einem zu 99 Prozent islamischen Land, zwei «Penthouse»-Hefte. Erregt werden der Alkohol (streng verboten) und die Sexmagazine (strengstens verboten) beschlagnahmt. Nicht auf der Stelle vernichtet, sondern sogleich in Sicherheit gebracht. Um sich – so ist zu vermuten beim Anblick der drei alleinstehenden Herren – im Schutze ihrer privaten vier Wände weiterhin zu erregen über den moralischen Verfall westlicher Sitten.

Dass einer meine weiß schimmernden Wasserreinigungstabletten für Kokainpillen hält, muss ich ihm geduldig ausreden. Um ihm das Leben zu retten. Er ist dabei, sie zu verschlucken. Als Test. Um mich als Drogenhändler zu überführen. Landen die Kapseln in seinem Bauch, wird er elendig verrecken. Hier pumpt ihm keiner das Gift wieder hinaus. Irgendwann gibt er nach. Ohne Angabe von Gründen. Möglich auch, dass ihm der heutige Feierabend einfiel. Nicht immer warten so vehement verbotene Freuden auf ihn.

Am frühen Abend endlich in Nouadhibou, 60 000 Einwohner, zweitgrößte Stadt des Landes, wichtigster Hafen. Monsieur A., Chef im Zollhaus am Ort und zwölfter und letzter Beamter, an dem wir (heute) vorbeimüssen, erweist sich als pragmatisch und kooperativ. Von seinem Fenster aus zeigt er auf einen Kerl neben dem Haupteingang. «Das ist eine Kanaille. Tausch bei ihm kein Geld.» Dann deutet

er auf einen Knirps, empfiehlt ihn als ehrlichen Schwarzhändler.

Die anderen Schwarzhändler, die (europäischen) Autoschieber und ich gehen auseinander. Unsere gemeinsame
Zeit war nicht schlecht. Sie suchen einen Pfadfinder, der
sie über die 525 Kilometer lange Wüstenspur nach Nouakchott, der Hauptstadt, lotst. Dort beginnt das Business. Ich
suche ein Hotel. Direkt neben dem Markt steht das «Nia-
bina». Hier war noch nie Saison, ich bin der einzige Gast.
«Directeur» Alassane jedoch scheint ungebrochen Wert auf
erstklassigen Service zu legen. Er fragt besorgt:

– Sind Sie allein?

– Ja.

– Kein Problem, ich schicke Ihnen gleich ein Mädchen hinauf.

Die unscheinheilige Sprache inmitten so viel verordneter
Scheinheiligkeit tut gut. Hier versanden die Moralpredig-
ten von oben. Wie das beruhigt. Wie das die Einsamkeit
dämpft.

Lasse ich jemand kommen, muss ich – abgesehen vom
Tarif für die Besucherin – tausend Ouguiya an das Hotel
bezahlen. Denn Direktor Alassane überweist monatlich einen stillen Betrag an die hiesige Polizei. Damit niemand
den Geschlechtsverkehr zwischen Hotelgästen und den ver-
füglichen Damen aus der Nachbarschaft stört.

Am nächsten Tag muss ich rennen. Ein Frühstück organisieren, einen (vorläufig) letzten Stempel bei der Polizei abholen, eine Bank finden, die schon einmal das Wort
«Traveller's check» gehört hat, einer Militärstreife erklären,

warum ich am helllichten Tag durch die Stadt gehe, die hilfsbereiten Mauretanier nach dem Weg fragen und dabei etwas über Afrika lernen. Weil nie einer sagt: «Tut mir leid, ich weiß es nicht.» Weil jeder in irgendeine Richtung zeigt und dabei wortreich erklärt, wo es langgeht. Und hätte er nicht den blassesten Schimmer. Aber sein Tun verrät Anteilnahme. Er will mich nicht mit dem grausamen Gefühl stehenlassen, allein zu sein. Ohne Auskunft, ohne Orientierung, ohne die Wärme einer Gewissheit. Dass man drei Ecken weiter wieder von vorne anfangen muss, da hoffnungsloser denn je von der Stelle entfernt, die man suchte, das soll ihn nicht kümmern. Der Augenblick zählt, die Tatsache, dass einer nicht einsam ist.

Belohnt für alle Irrwege werde ich von Ravine. Ihn finde ich zufällig. Er ist Friseur. Der sorgsamste, den ich kenne. Noch keiner hat so viel Zeit in mein Haar investiert. Vor seiner Tür hängen gemalte Köpfe mit verschiedenen Haartrachten. Da fällt die Auswahl schwer. «Banane», «Amerikanischer Soldat» (Klobürste!), «Casino Bobby», «Italienische Tolle» und «Frank Zappa». Behutsam muss ich ihn davon überzeugen, dass mein Haupthaar für solch bombastische Extratouren nicht ausreicht. Er diszipliniert sich. Nicht ohne innere Kämpfe. Aber erfolgreich. Diskret onduliert, darf ich nach zwei Stunden hinaus.

Von Nouadhibou wird keiner träumen. Am Strand der Fischer liegen tote Esel und stinken aus ihren in der Sonne schmorenden Eingeweiden. In den «Bidonvilles», den Slums, blöken Fünfjährige hundertmal den gleichen Satz in die Hitze. Die Geräusche einer Koranschule. Alles auf

Arabisch. Nicht ein halbes Wort verstehen sie von dem, was man ihnen eintrichtert. Das Aufregendste vor Ort ist eine «Boulangerie Mondiale», eine Welt-Bäckerei, ein paar zusammengenagelte Bretter mit einem Loch, durch das ein Mensch seinen Arm herausstreckt und Brot verkauft. In den Kaschemmen dösen Nigerianer, hoffen auf falsche Papiere und einen Fluchtweg rüber nach Spanien, auf die Kanarischen Inseln. An hundert Tagen im Jahr keucht ein böser Wind über die Straßen. Ich kaufe ein Ticket.

Draußen vor der Stadt liegt der Bahnhof. In der zwei mal zwei Meter kleinen Blechhütte steht eine Schaufel. Um den Verschlag jedes Mal rechtzeitig auszugraben, bevor er im Wüstensand zu verschwinden droht. Der Vormarsch der Wüste in Mauretanien ist rekordverdächtig. Jährlich neun Kilometer.

Zwischen 15 und 16 Uhr hält hier ein Zug. Der längste der Welt, heißt es. Auf dem einzigen Schienenstrang, den das Land besitzt. Um die Eisenerzmine Zouérat (erster Devisenbringer) mit dem Hafen zu verbinden. Ist der Rohstoff gelöscht, geht es leer zurück. Hunderte warten neben dem Gleis, wollen mit, wohnen in den Oasen entlang der Strecke.

Der junge Yussupha spricht mich an. Er versuchte in Nouadhibou seinen Bruder zu besuchen, einen Seemann. Als er ankommt, ist der andere unbekannt verzogen. Beide haben kein Telefon. Jetzt reist er die tausend Kilometer wieder nach Hause, ins winzige Gambia. «Im ganzen Leben will ich dein Freund sein», sagt er auf Englisch zu mir. Ich, versprochen, werde ihn mein ganzes Leben nicht vergessen, erzählt er doch eine unglaubliche Geschichte: Der Vater stirbt früh, Yussupha lebt mit der älteren Schwester und der Mutter weiter im selben Haus, im selben Dorf. Bis er als Achtjähriger begreift, dass er hier keine Chance bekommt. Dass er hier verdämmern wird wie alle anderen. Er packt ein paar Bananen und Maiskolben ein und verlässt die heulende Familie. Sieben Stunden marschiert er. Bis er ein Dorf erreicht, in dem sich eine Schule befindet. Er fragt nach dem Haus des Rektors, klopft an die Tür und sagt den bewegenden Satz: «Ich kann nicht lesen und schreiben. Ich will lernen. Bitte unterrichte mich.»

Bis heute hat Yussupha diese Lust nicht verlassen. Jedes Mal, wenn ich ein englisches Wort sage, das er nicht versteht, zieht er sein Schreibheft heraus, notiert es, lässt sich Aussprache und Bedeutung erklären, versucht sogleich, es zu memorieren. Ein Wundermensch in einem Ozean bodenloser Lethargie.

Der Zug fährt ein. Alles stiebt los. Ein einziger Passagierwaggon steht zur Verfügung. Und fast alles muss da hinein. Ziegen, Böcke, Ölfässer, Krüppel, Krücken, Babys, Mehlsäcke, Koffer, Eisenkisten, ein Dieselmotor, ein Wasserrohr, dicke Mamis, Kanister, vier Bettgarnituren.

Schon bedrohlich. Kein Krieg, aber die Energie für einen Krieg. Wie sich die Eingänge zeitweilig bis zur Bewegungslosigkeit verstopfen. Weil keiner rauswill und keiner mehr reinkann.

Die ärmsten Schlucker und Yussupha und ich haben es besser. Kostenlos stehen uns die zweihundertfünfzig offenen Güterwagen zur Verfügung. Man verrußt schon beim

Hineinklettern. Aber wir haben Platz und einen One-Million-Dollar-Blick auf die Wüste.

Knapp fünfhundert Kilometer fahren und schauen. Vorbei an rostigen Gefechtsständen, peinliche Souvenirs eines verlorenen Kriegs gegen die Polisario. Dreitausend Meter von uns weg, weit vorne, die dreckspeiende Lok. Um uns ein halber Erdteil voller Sand. Und über uns der drei Millionen Lichtjahre ferne Himmel, fahlblau und feuerheiß von einer weiß glühenden Sonne.

Immer wieder kurze Stopps, irgendwo in der Nähe liegt eine Oase. Kamele stehen bereit, Transportmittel für ankommende Passagiere. Manchmal rennen Kinder entlang der Schienen, jemand wirft Brot hinaus, ein Baguette für die Wüste. Als mir die Augen brennen, zugeklebt vom schwarzen Eisenerzstaub, steige ich um in den Personenwaggon. Metraka, der Schaffner, besorgt mir eine Flasche Wasser. Zum Waschen. Wir reden. Er ist ein einfacher, kluger Mann. Auch scheu, irgendwann traut er sich zu fragen:

– Vous êtes touriste?
– Non, je suis voyageur.
– Ah, voyageur seulement.

Wie lange musste ich reisen, um eine solch klare Definition zu hören. «Nur ein Reisender», wie genau das klingt. Denn der Tourist ist reich, will den Luxus, gibt aus, kauft ein, beeindruckt. Der Reisende beeindruckt niemanden. Er hat nichts. Nur seine Neugier und den schmutzigen Rucksack. Die will keiner. Denn beide sind unverkäuflich.

Bei Einbruch der Dunkelheit kehre ich zurück in den Güterwagen. Ich will die Sterne nicht verpassen. Und nicht einen dieser Momente, in denen ich an eine Stelle aus Cesare Paveses Tagebuch «Das Handwerk des Lebens» denken muss: «Reisen ist eine Gemeinheit. Es zwingt dich, Fremden zu vertrauen und wegzugehen von der Wärme deines Zuhauses und deiner Freunde. Du bist ununterbrochen aus dem Gleichgewicht. Nichts gehört dir, nichts als die absolut notwendigsten Dinge – die Luft, der Schlaf, die Träume, das Meer, der Himmel –, alles Dinge, die mit Ewigkeit zu tun haben. Oder eben mit dem, was wir uns darunter vorstellen.»

Drittes Kapitel

Es gibt Länder, die nichts entfachen. Keine Erinnerung, keine Freude, keinen Ekel, kein Urteil, kein Vorurteil. Nur die überraschende Erkenntnis, dass alles fehlt, um sie irgendwo einzuordnen. Man weiß ihre Namen, sonst nichts. Kein Eigenschaftswort, kein Tätigkeitswort, nichts. Nur das Staunen über Landschaften, die sich vor der Welt verbergen. Wie Mauretanien. Sein Geheimnis ist sein Trumpf. Den will es behalten. Das Rätsel bleibt. Auch nach der Reise.

Um zwei Uhr nachts hält der Zug mitten in der Wüste. Ich springe heraus und renne los. Wie alle anderen auch, die hier aussteigen. Hier liegt Choum, eine Oase, unter dem Sternenhimmel brennen kleine Feuer am Pistenrand. Garküchen für hungrige Durchreisende. Die Eisenbahn zieht weiter nach Norden, eine Wagenspur im Sand führt nach Süden, nach Nouakchott. Damit keiner zu spät kommt, müssen wir sprinten. Die ewig gleichen Spielregeln in Afrika. Ein paar Kleintransporter warten, wer rechtzeitig hinaufklettert, hat Glück und darf mit. Stehend, auf einer Ladefläche.

Knapp sechshundert Kilometer müssen wir durchhalten. Keine besonderen Vorkommnisse. Teepausen, zwei Reifenpannen, der kalte Nachtwind. In Akjoujt, auf halber Strecke, bremst der Fahrer vor dem «Restaurant». Da, wo das größte Fleischstück mit den meisten Fliegen im Türrahmen hängt. Unser Mittagessen. Der Wirt wetzt gleich sein Messer, schleift es an den Stufen, über die Ziegen, Hennen und andere Kunden in die Bruchbude drängeln. Wetzen, schneiden, wetzen, schneiden. Drinnen legt man sich auf grindige Matratzen, atmet leise, jetzt stumm vor Hitze. Ein Junge serviert Tee.

Vor der Tür steht Malick, der Dorfpolizist. Er ist für das ordnungsgemäße Parken der ankommenden Wagen verantwortlich. Pro Tag vielleicht fünf Einheiten. Deshalb gefällt es ihm hier: «Une ville de tranquillité», sagt er, eine Stadt der Ruhe. Ich deute auf ein paar Holzmasten. Malick lächelt schlau. Ihre Anwesenheit hat nichts zu bedeuten. Früher gab es hier Elektrizität, dann machte die Firma pleite. Aber, so versichert er, der Strom sei «sur la voie», auf dem Weg. Bedächtig, ganz offenkundig nicht mit Lichtgeschwindigkeit.

Nachdem der Fahrer ausgeschlafen hat – wir vegetieren drei Stunden in diesem Oasenschreck –, will er nachladen. Noch eine Schicht Passagiere hineinquetschen. Nackte Geldgier. Ohne uns. Wer oben ankommt, landet unten im Dreck. Die Prioritäten sind einfach und übersichtlich. Hier ist Wüste, dürre, heiße Wüste. Wir wollen auch die nächsten dreihundert Kilometer überstehen. Jeder weitere Fahrgast gefährdet unsere Gesundheit. Wir sind sechs pro Quadratmeter. Wir wimmern genug.

Als der letzte Reservereifen platzt, stellt sich heraus, dass die Luftpumpe fehlt. An eine Reparatur ist folglich nicht zu denken. So sitzen alle ab und warten auf jemanden, der hier mit einer Luftpumpe vorbeikommt. Das ist eine eigenartige Erfahrung.

Abends treffen wir in Nouakchott ein, seit der Unabhängigkeit im Jahre 1960 die Hauptstadt des Landes. Ein Sandei im Meer, mit achtzig Stürmen im Jahr und einem einzigen noch vorhandenen Gebäude aus der französischen Kolonialzeit, der damaligen Präfektur.

Am nächsten Morgen muss ich lange suchen. Bis ich den uralten Mohamed Bachir finde. Er wohnt in der Nähe dieser Präfektur, die heute ein Rehabilitationszentrum für «moralisch gefährdete Jugendliche» ist. Er ist der Einzige in diesem Viertel, der einmal von einem fliegenden Schriftsteller reden hörte, der hier – einmal mehr – notlandete. Mit einer gebrochenen Pleuelstange im Getriebe. Den Namen weiß er nicht mehr, auch hat er nie das Buch zu Gesicht bekommen, in dem der Bruchpilot von der Pleuelstange, der Bruchlandung und der Verlassenheit dieses Ortes erzählte.

Vor über sechzig Jahren klopften Antoine de Saint-Exupéry und zwei Freunde hier an. Auf der Suche nach Hilfe und einem Platz zum Schlafen. Ein Unteroffizier der französischen Armee öffnete ihm, Exupéry schrieb darüber später in «Terre des hommes»: «Der Alte empfing uns wie Abgesandte des Himmels: ‹Ach, was das für mich bedeutet, dass ich mit jemandem reden kann. Was das für mich bedeutet.› Und ob es für ihn etwas bedeutete – er heulte.»

Während dieses halben Jahrhunderts hat sich an dieser Einöde so viel nicht geändert. Statt fünfhundert leben jetzt fünfhunderttausend hier. Vertrieben aus einer eine Million Quadratkilometer riesigen Wüste, die immer weniger zum Leben übriglässt. Das Land strengt an. Die amerikanische Peace-Corps-Organisation verzeichnet hier die höchste Rate deprimierter Aussteiger. Für das Auswärtige Amt in Bonn gilt die Gegend als «belastend».

So belastend, dass die deutsche Botschaft vor Ort in «Zone 11» liegt. Denn jede Botschaft gehört in eine Zone. Von eins, ganz oben, bis zwölf, ganz unten. Als Gradmesser für die Zumutungen der Umgebung. Immerhin haben sie hier ein Meer. Sonst haben sie nichts. Außer eben einem feingestaffelten «Zonenzuschlag». Um das Personal für eventuelle Melancholieschübe zu entschädigen. Dass nebenbei noch ein «Kaufkraftausgleich», eine «Gefahrenzulage» – die sogenannte «Zitterprämie», siehe Algerien – und eine «Wohnungsbeihilfe» verteilt werden, das freut einen, weiß man doch jetzt den deutschen Diplomaten mit dem Notwendigsten versorgt.

Noch ein paar Sachen sind lustig in Nouakchott, eine Tatsache geradezu revolutionär. Im einzigen zur Zeit funktionierenden Kino läuft «Malombra – Perversion sexuelle d'un adolescent». Kein Hardcoreporno, aber ein flotter Sexfilm. Draußen an der Tür wurde das nackte Mädchen auf dem Poster entschärft. Sai'd, der Ticketboy, nagelte ihr mit dem Karton einer Milchtüte den Hintern zu. «Um die Islamisten zu beruhigen», meint er grinsend. Drinnen im weiten Saal sitzen die Wüstenmänner (keine Frauen) und beschauen ergriffen italienische Busenwunder, die sich splitternackt unter römischen Duschen räkeln.

Noch eine Szene. Ein Mann steht mitten auf der Straße, gibt Zeichen, ruft jedem vorbeikommenden Autofahrer entgegen, sofort anzuhalten, den Wagen zu parken und zu Fuß weiterzugehen. Ich erkundige mich und höre, dass es sich um einen «Verrückten» handelt. Einer, der zum Abstellen von Autos aufruft, gilt als verrückt.

Die Mauretanier, so scheu und weltfremd. Und so fatalistisch. Sie leben mit nichts und ertragen fast alles. Am Strand die Fischer, die das Netz einholen. Ihre blutigen Hände, die sie mit der Asche ihrer Zigaretten desinfizieren. Die Kinder, die Krabben mit einem Halsband aus Draht spazieren führen. Der Junge und der blinde Alte, die, mit einer Eisenkette verbunden, greinend durch die Stadt ziehen. Unzertrennlich, die Schlüssel für die Vorhängeschlösser an ihren Handgelenken hat der Alte weggeworfen. «Der Kleine», sagt er, «ist mein Augenlicht.» Seit sieben Jahren waren sie keinen Moment getrennt. Erst der Tod des Alten wird den Jungen befreien.

Bettelarmes Land. Fisch haben sie, eine Eisenerzmine und eine Eisenbahnstrecke. Das macht umgerechnet 2,31 Deutschmark pro Tag, pro Einwohner. Achtzig Prozent sind Mauren, der Rest Schwarzafrikaner. Die Araber gelten als stramm rassistisch. Die Verhältnisse sind gespannt. Die letzten schweren Unruhen – mit Mord und Totschlag und massenhafter Vertreibung – liegen nur fünf Jahre zurück. Dass erst Juli 1980 die Sklaverei abgeschafft wurde, lässt Rückschlüsse auf den Stand der Dinge zu.

Keine Oppositionspartei sitzt in der Nationalversammlung. Dennoch, eine erste vage Idee von freien Wahlen fand im Frühjahr 1992 statt. Mit den üblichen Nebenerscheinungen wie Schiebung und Einschüchterung. Dass hinterher das Militärregime verschwand, gilt als Erfolg, als eine Zehenlänge Fortschritt in Richtung Demokratie. Wie weit es noch fehlt, zeigt die Begegnung mit Chefredakteur Monsieur Mohamed Oumère von der führenden Wochenzeitung «Le Calame», die Feder. Auflage 3000, normalerweise. Augenblicklich: zero. Der Innenminister ließ wieder einmal beschlagnahmen. Vor Nachrichten über Korruptionsorgien innerhalb der Regierung muss das Volk beschützt werden. Er schützt es. Ausdauernd und regelmäßig.

Abends treffe ich wieder Ramadamsi, den Kellner im Restaurant «Irak». Er weiß, dass ich immer etwas zum Lesen suche. Er reicht mir die Illustrierte «Paris Match», irgendjemand hat sie vergessen. Ich schlage auf und lese als Erstes, «dass der Bauchnabel des italienischen Topmodels Carla Bruni bei einer Soirée in der französischen Hauptstadt für eine Sensation sorgte». So unbekleidet war er. – Andere Länder, andere Nachrichten.

Aufbruch in den Osten des Landes, Richtung Mali. Am Taxistand einen Fahrer finden, der mir – weiß und reich – nicht das Fell über die Ohren zieht. Dann antreten zum Einschichten. Diesmal müssen wir mit dreiunddreißig Leuten in ein Gefährt, das nur eine Spur breiter ist als ein VW-Bus. Freudige Überraschung. Es handelt sich um einen ausrangierten Lieferwagen der Firma Großkopf aus Neustadt. Noch immer ist die Aufschrift auf dem Türblech erkennbar. Unternehmenschef Großkopf hat, so scheint es, vor Jahren beschlossen, seine Abschreibungsmodelle hier loszuschlagen. Sind alle verpackt – in Neustadt waren es Möbel, in Nouakchott sind es Tiere und Menschen –, geht es zur nächsten Tankstelle.

Um die kommenden fünf Minuten Todesangst intensiver

nacherleben zu können, hier noch rasch eine Zusatzinformation: Die staatliche Fluggesellschaft Air Mauretanie besaß vor zehn Tagen insgesamt zwei Flugzeuge. Inzwischen flog eine der beiden «Fokker 28» herunter, flog haarscharf an der Piste vorbei, zerschellte, verbrannte, riss neunzig Insassen in den Tod. Erste Untersuchungsergebnisse – vom Innenminister vergeblich zu zensieren versucht – enthüllten eine Latte atemberaubender Schlampereien. Überbelegung (Bakschisch für das Bodenpersonal), die Anwesenheit der wartenden Verwandtschaft neben der Landebahn (Bakschisch für das Sicherheitspersonal), die Abwesenheit aller Feuerwehrmänner, der seit Jahren bekannte Abwrackzustand des todbringenden Flughafens. «Wir werden, inch'allah, in 45 Minuten in Tidjikja landen», so, laut Augenzeugenberichten, die letzten Worte des ersten Stewards.

Jetzt zurück zur Tankstelle. Der Schock, der das Land nach der Katastrophe durchfuhr, und die vielen inständig geschworenen guten Vorsätze, sie scheinen längst schon vergessen. Wieder gilt die alte Faustregel: «Inch'allah», wenn Gott will. Der junge Kerl, der den Benzinstutzen in den Tank hält, zündet sich mit allergrößter Seelenruhe eine Zigarette an. Absolut niemand, der hier irgendwelche Zusammenhänge herstellt. Mit nasskalter Stirn sehe ich, dass der Schlauch leckt und sich seine Aschenspitze des Öfteren in unmittelbarer Nähe des Benzinstrahls befindet. Wenn wir jetzt kein Glück haben, dann sind es noch fünf Zentimeter, und wir dreiunddreißig Passagiere, die sieben um uns herumwimmelnden Bettler, er und seine in kürzester Entfernung stehenden zahlreichen Landsleute, nicht zu vergessen die Rostlaube der Firma Großkopf, jagen in die Luft.

Renitentes Afrika. Kein Unglück belehrt sie, keine Katastrophe zwingt sie zu Konsequenzen, kein Schmerz, keiner überredet sie zu einem Gedanken an die Zukunft.

Ich sage nichts, ich würde den Raucher nur erschrecken. Und an Flucht ist nicht zu denken, da wir ja alle bis zur äußersten Bewegungslosigkeit eingeklemmt sind. Bin auch nicht sicher, ob meine Stimmbänder parierten. Ich würde nur stottern.

Irgendwann sind alle Kanister voll und die Zigarette zu Ende. Das nächste Mal werde ich bei meinem Auftraggeber eine «Gefahrenzulage» einklagen. Oder Diplomat werden. Als wir endlich starten, phantasiere ich vom weißen Mercedes und schwarzen Chauffeur des deutschen Botschafters.

Die Stadtgrenzen überwinden, das Palaver mit den zahlreichen Bewachern querliegender Holzlatten. Armee, Gendarmerie, Polizei. Offizielle Wegelagerer, die stille Gaben einfordern. In Mauretanien haben sie zwei geteerte Überlandstraßen. Und die müssen sie bemannen, um die kargen Gehälter ihrer Funktionäre aufzubessern.

Dann hinaus in die Wüste, nach Osten, entlang der «route de l'espoir», die über tausendeinhundert Kilometer lange, von den Brasilianern konstruierte Straße der Hoffnung. Phänomenale Sahara. Die gewaltigen Sandbusen, deren Ausläufer bisweilen den schwarzen Teer überfluten. Verschieden mächtig, verschiedenfarbig, alle choreographiert von einem ruhelosen Wind. Nur der Sand und der

Himmel. Und dazwischen die blaue Luft. Ein keusches, makelloses, überwältigendes Bild.

Später vorbei an liegengebliebenem Autoschrott und weißen Tierknochen. Und drei Verkehrszeichen, die einen Mann zeigen, der ein Kind bei der Hand nimmt. Unverzichtbar, kreuzen doch zweimal im Monat hier Kamelkarawanen.

Die Schönheit vergeht, die Erde wird flach, grau, verunstaltet von niedrigem, staubigem Gesträuch. Stopp in Aleg, links und rechts der Straße die Lehmhäuser. Wir rasten unter dicken Zeltplanen, es gibt Tee und Ziegenfleisch. Die meisten schlafen hinterher, ich suche einen intakten Kühlschrank mit einem eiskalten Mineralwasser. Nicht zu finden, dafür treffe ich Brahim, einen Gemischtwarenhändler. Er mag mich sofort, weil er mein Unglück entdeckt hat. So sagt er. Ich solle umkehren und Allah anbeten. Wenn nicht, führe ich senkrecht in die Hölle. Ob ehemaliger Katholik oder aktueller Agnostiker, nichts würde meine Schussfahrt nach unten bremsen. «Wäre doch schade», sagt er fast zärtlich, «schau, im Himmel gibt es Strom, Frauen, Whiskey und Fernsehen. Du brauchst nur dran zu denken, und schon steht es dir zur Verfügung. Überleg es dir gut.»

Ich tipple hinaus, jetzt noch durstiger als zuvor. Strom und kalte Getränke gäbe es immer und überall im Himmel. Wie stärkend, wie versöhnlich ein solcher Gedanke. Brahim hat sicher recht. Hier in Aleg gibt es immer nur Tee. Stets drei Gläser, eines auf die Liebe, eines auf das Glück, eines auf den Tod.

Zweihundert Meter weiter winken mich zwei Mädchen in ihre Hütte, Ami und Kwatis. Ob ich nicht etwas trinken möchte? Ich gebe nach, die zwei lächeln so freundlich. Drinnen sitzt noch Ahmed, ihr älterer Bruder. Als er sich für einen Augenblick zurückzieht, kommt es zu einer kleinen Sensation. Kwatis berührt sanft meinen rechten großen Zeh und flüstert blitzschnell, ob ich sie nicht heiraten könne. Sie wiederholt den Satz, wieder leise und hastig. Seltsamerweise hält sich meine Überraschung in Grenzen. Ich blicke in ihr junges Gesicht. Wie offensichtlich. Kwatis will weg. Dafür nimmt sie jeden, auch einen Wildfremden, auch einen Ungläubigen. Wenn er sie nur evakuiert, sie fortbringt aus Aleg.

Der Fahrer hupt. Bevor alle einsteigen, wird gebetet. Das sieht gut aus. Wenn sie sich Richtung Mekka niederknien und halblaut ihre Suren leiern. Wie es sie beruhigt, einlullt. Wie sich ihre Gewänder, diese hellen, blauen, dunkelblauen Boubous, wie Schmetterlingsflügel im Wind blähen.

Anschließend muss neu verfrachtet werden. Die Sitzordnung, ja Stehordnung ist dermaßen kompliziert, dass es mindestens fünfzehn Minuten dauert, um alle Mitreisenden platzsparend zu verstauen. An amerikanischen Universitäten gibt es diese Wettbewerbe, bei denen sie eine Höchstzahl von Personen in einen VW-Käfer stapeln. Mit der Bedingung, noch hundert Yards damit zu schaffen. Wie läppisch. Wir haben 344 Kilometer vor uns.

Um 1.30 Uhr nachts Ankunft in Kiffa. Neben der Hauptstraße liegen die Bastmatten. Wir steigen aus und legen uns hin. Auch hier Raumnot. Was nun nicht mehr stört. Mit dem würzigen Geruch fremder, nackter Wüstenzehen vor meiner Nase falle ich in Schlaf. Die warmen Zungen streunender Hunde wecken uns morgens. Hungrig schlecken sie über unsere Gesichter.

Vier Stunden später sind wir in Ayoûn el Atroûs, Provinzhauptstadt mit großer Polizeikaserne. Es wird bequemer, viele steigen hier aus. Während das schwere Gepäck abgeladen wird, spüre ich den Blick einer Frau, die ein paar Meter entfernt im Türrahmen eines schäbigen Ladens sitzt. Ein unglaublich schöner Mensch. Sagenhaft, was Frauen zu einer Landschaft beitragen können. «Un mirage», eine Fata Morgana. Ein Gesicht, das jedem anderen weh tun muss, so einmalig, so konkurrenzlos schön ist es. Und es sieht nicht weg, als ich seinen Blick erwidere. Im Gegenteil, es starrt herüber, lässt nicht eine Sekunde los.

So vergehen vielleicht ein, zwei Minuten. Bis ich mir einbilde, zu begreifen, was hier abläuft. Dass ich sie als Mann nicht interessiere. Dass sie mich aber braucht, als Anbeter, als Bewunderer. Weil sie in diesem Kaff keiner anbetet, weil sie ahnt, wie ihre Schönheit hier verkommen wird, wie sie verkümmern wird als Lakritzenverkäuferin, bald verheiratet und erledigt als gebärtüchtiges Muttertier. Als wüsste sie das alles, als wollte sie sich einmal mehr der verheerenden Wirkungen vergewissern, derer sie fähig ist.

Ich bin froh, als wir weiterfahren. Die Schöne war bedrückend. So aussehen und da leben müssen.

Nochmals acht Stunden unterwegs, flaches, braun gebranntes Land. Wüste, Steppe, Sahel. Weit verstreut ein paar Dörfer. Dazwischen Schilder, die auf den Verkauf von

Kamelmilch hinweisen. Den Körper mit heißgewordenem Wasser nachfüllen. Dann Endstation in Néma, letzte Stadt an der «route de l'espoir». An solche Orte muss Brecht gedacht haben, als er davon sprach, dass nichts bleiben wird von ihnen als der, der durch sie hindurchging, der Wind. Das ist auch der Fleck, vor dem mich der deutsche Botschafter eindringlich warnte. «Banditen» schlagen in dieser Gegend zu, Tuareg, die aus den Nachbarländern einfallen, um hier ihre Beutezüge zu veranstalten.

Bei der Polizei gibt es den Ausreisestempel. Für die noch 135 Kilometer entfernte Grenze nach Mali. Ich klopfe und erfahre, dass der Stempelbesitzer bereits nach Hause gegangen ist. Ich soll morgen wiederkommen. Das geht nicht, denn für heute Nacht habe ich eine Mitfahrgelegenheit. Demütig ziehe ich meinen Koran aus dem Rucksack. Das hat noch immer geholfen. Weil ich ab sofort Moslem bin und folglich ein guter Mensch sein muss. Ein Reservestempel findet sich plötzlich, man wünscht «bon voyage».

Bevor ich zur Schlacht um einen Platz in einem achtundzwanzig Jahre alten Landrover antreten kann, brauche ich eine Toilette. Gelegenheit für ein rasantes Missverständnis. Andere Länder, anderer Stuhlgang.

Ich haste – bald immer hastiger – von Haustür zu Haustür und frage, ob ich das Klo benutzen könne. Leider nein, aber «la douche» könne ich benutzen. Ein Witz, die nächste Dusche ist vielleicht dreihundert Kilometer entfernt. Beim sechsten Versuch, jetzt grimmig vor Bauchweh, gebe ich nach. Also, im Namen des Propheten, dann eben in die Dusche. Man zeigt mir den Weg, und ich lande in einer viereckigen Box mit einer runden Versenkung und eintausend Fliegen. Ein ganz normaler Wüstenlokus. Bis mir der Hausherr, gastfreundlich und besorgt, einen Kessel Wasser hereinreicht. Alles klar. Gedacht zur anschließenden Körperreinigung, zum «Duschen». Wie rührend. Diese Rettungsversuche mit der Sprache. Das dezente Wort «douche» soll sie beschützen vor der ungustiösen Wirklichkeit.

Abends los. Die Dunkelheit soll uns behüten. Dass das Vehikel keine gebrauchsfähigen Scheinwerfer mehr besitzt, wird als weitere Sicherheitsmaßnahme verstanden. Je weniger wir auffallen, umso geringer die Chancen, von marodierenden Tuareg geplündert zu werden. Dass auch die Bremsen außer Betrieb sind, macht das Unternehmen wieder spannend. Die Alte neben mir lässt ihren Sebha, ihren Rosenkranz, nicht aus den Händen. Sie betet für uns. Andere Passagiere helfen, siebenmal, beim Reifenflicken. Mir hat der Fahrer die Aufgabe zugeteilt, die Windschutzscheibe festzuhalten. Sie droht jeden Augenblick sich scheppernd von uns zu verabschieden. Als wir im Morgengrauen Adel Bagrou erreichen, den kleinen, eseldreckverstunkenen Grenzort, wird klar, dass wir nie in Gefahr waren. Wer hätte Lust auf uns als Beute?

Ich gehe «duschen». Wie immer mit Lektüre. Diesmal mit einem alten Reiseführer, erstanden von einem Straßenhändler in Nouakchott. Der erste Satz ist der beste im ganzen Buch. Weil er zum Lautlachen verführt. Weil er wahr ist, erfrischend und auf ganz unsentimentale Weise erheiternd. Der Autor zitiert als Motto einen Tagebucheintrag des belgischen Schriftstellers und Afrikaliebhabers

Georges Simenon: «Oui, oui! L'Afrique nous parle. Elle nous dit merde, et c'est bien fait.» Aber ja! Afrika spricht zu uns. Es sagt Scheiße, und wie recht hat es!

Viertes Kapitel

Im Jahre 1818 wurde ein Mann namens James Holman aus der britischen Kriegsmarine entlassen. Wegen Blindheit. Ein paar Monate später begann er eine Weltreise. Er sah nichts, sprach keine Fremdsprache, benutzte ausschließlich öffentliche Transportmittel. Irgendwann traf er einen Taubstummen, und die beiden reisten gemeinsam. Als er zurückkam, schrieb er auf, was er «gesehen» hatte, veröffentlichte mehrere Bände mit seinen Erlebnissen. Selten, sagte er, wäre ihm etwas entgangen. Seine Strategie war schlicht und einleuchtend: «Ich musste alles berühren, um es zu begreifen.»

Das wäre auch ein Rezept für Afrika. Wer es anfasst, wird etwas erfahren. Von den anderen. Und – wenn er nicht wegsieht – von sich selber. Das ist das Ergreifendste am Fortgehen: dass ein paar Masken auf der Strecke bleiben. Dass der Reisende abspeckt. Dass ihm, wieder einmal, ein paar Verlogenheiten verlorengehen.

In Adel Bagrou, dem Nest an der Grenze zwischen Mauretanien und Mali, habe ich Glück. Yba, der Besitzer eines Pick-ups, bestimmt mich zum Kofinanzier einer dringlichen Reparatur. Das Getriebe rumort, der dritte Gang fehlt. Zahle ich mit, darf ich einsteigen und «umsonst» (so nennt er das) nach Bamako reisen, die vierhundertzwanzig Kilometer entfernte Hauptstadt des Landes. Dort gäbe es eine Werkstatt.

Zügige Fahrt, auch ohne dritten Gang. Sand, Gras, die ersten Schlammtümpel, die Regenzeit kündigt sich an. Nach einer Stunde in Nara. Vor dem größten Baum des Dorfes hängt ein Schild: «Halte Douane». Daneben schläft Jean-Michel, der Zigarettenverkäufer. Hinter ihm, dösig auf einer zerschlissenen Chaiselongue, lungern drei Grenzer. In diesem Augenblick beginnt eine siebenteilige Serie langwieriger Verhandlungen zwischen dem mauretanischen Transportunternehmer Yba und den malischen Staatsbeamten.

Es dauert, bis sie sich aufraffen. Man sieht ihnen den Kampf an zwischen der Schwerkraft ihrer Trägheit und der Lust abzuzocken. Letztere obsiegt. Ächzend lümmeln sie sich hoch.

Zwei Fragen gilt es zu klären. Um wie viel Bargeld kann man den Fahrer schröpfen? (Die Beschlagnahmeaktionen laufen unter Decknamen wie «Straßenbenutzungsgebühr» oder «Versicherungspolice».) Und um wie viel Gnade kann er betteln, um nicht völlig pleite am Zielort einzutreffen. Nach über einer Stunde dürfen wir weiter. Zur nächsten Hürde.

Zwischen den einzelnen Raubritterbastionen erzählt mir Yba sein anstrengendes Leben. Er hat einmal Literatur studiert. Um später ein Fuhrunternehmen aufzumachen. Weil von Buchstaben in seinem Land keiner leben kann. Neununddreißig Personen gehören zu seinem Haushalt. Darunter seine drei geschiedenen Schwestern mit ihren Kindern, zurückgeschickt von gelangweilten Ehemännern, darunter zwei seiner Brüder, einer geistig, einer körperlich behindert. Vater, Mutter, der ganze Clan. Und die sieben

Sklaven, Schwarze, die seit Generationen zu seiner (arabischen) Familie gehören. Er will sie loswerden, sagt er, kann sie nicht länger ernähren. Aber sie wollen nicht weg. Sie wüssten nicht, wohin.

Bremst keine Straßensperre, rasen wir über die rote Erde. Ein Laster Gegenverkehr pro Stunde. Die nackte Sahel wird grün, Wiesen, Bäume, weite Baumwollfelder überziehen das Land. Yba ist Opfer und Täter zugleich. Als drei junge Männer winken (sie winken seit zwei Tagen), lässt er sich nicht rühren. Ihr kaputter Motor geht ihn nichts an. Malis Straßenkriminalität setzt jedes Jahr neue Rekordmarken. Da hat er recht. Sein Misstrauen lässt ihn nie aus.

Um 21.45 Uhr letzter Polizeistopp, zwanzig Kilometer vor Bamako. Natürlich kann Yba nicht nachweisen, dass er bereits sechsmal geblecht hat. Für Schmiergelder gibt es keine Belege. Also soll er ein siebtes Mal zahlen. Kurz vor Mitternacht greife ich ein. Um uns auszulösen. Um endlich, nach nächtelanger Abwesenheit, in die Nähe eines Bettes zu gelangen. Für schamlose 20 000 CFA-Francs, knapp sechzig Mark, dürfen wir weiter. Immerhin habe ich jetzt meine letzte Rate für die Neuinstallierung des dritten Gangs bezahlt.

Unser Ausflug endet heiter. Die Angst des Wüstenchauffeurs Yba vor der Großstadt ist unübersehbar. Er kriecht jetzt, fährt äußerst rechts, zieht ein paarmal die Handbremse, um rechtzeitig – zehn Meter zu früh – vor der nächsten Kreuzung zum Stehen zu kommen. Neben dem Hotel «Les Hirondelles» lädt er mich ab. Drei Augenblicke lang ist er sentimental, sagt dreimal «merci».

Eine gute Adresse. Anne Thérèse steht neben dem Haupteingang – sie fährt hier die Mitternachtsschicht – und bietet mir an, meinen Rucksack ins Zimmer zu tragen. Als «service supplementaire». Sicher Ausdruck wachsender Konkurrenz, dass die zugänglichen Damen nun nebenbei und gratis Gepäckträgerdienste leisten.

Am nächsten Morgen treffe ich zuallererst Denise. Sie überquert die Straße, um mir den Weg abzuschneiden, und fragt, ob jetzt nicht – Montag, 9.32 Uhr – der richtige Zeitpunkt wäre «pour faire l'amitié», um Freundschaft zu schließen. Das ist ein poetisches Wort, und so antworte ich, natürlich, lass uns Freundschaft schließen. Sie nimmt mich bei der Hand, führt mich um hundert Quadratmeter weite Regenpfützen, zieht mich lachend und siegessicher in ihr Haus.

Hinter der Tür, im einzigen Raum, wohnt die Familie. Dreizehn Leute insgesamt. Damit Denise und ich Freundschaft schließen können, mitten auf der Couch und um Punkt 10 Uhr, zieht sich die Familie zügig und diskret zurück. Das scheint ein Ritual und gibt Anlass zu der Überlegung, dass ich nicht der Erste bin, dem sie – gegen einen späteren Unkostenbeitrag – die Freundschaft anträgt.

Hurtig mache ich mich aus dem Staub. Mit dem hochheiligen Versprechen, die Einführungszeremonie unserer gerade ausgebrochenen Liebe – sie nennt mich flüsternd «mon amour» – zu einem späteren Zeitpunkt nachzuholen.

Armes, ärmstes Land. Irgendwo las ich: drittärmstes Land. Was soll das? Die letzten dreißig sind fürchterlich elend. Seit vierunddreißig Jahren ist Mali unabhängig und bankrott. Fast viermal größer als die Bundesrepublik und fast siebenhundertmal ärmer. Neun Millionen Einwohner. Baumwolle, Vieh, Häute und ein paar Klumpen Gold gibt es hier. Und Dürrekatastrophen. Und der Welt niedrigste Einschulungsquote und eine weltrekordverdächtige Menschenvermehrung (jede Malierin bringt es, im Durchschnitt, auf 6,8 Kinder). Und einen halben Bürgerkrieg: die Schwarzen gegen die «Weißen», die Tuareg. Es wird nicht lange dauern, und ich stolpere über die massakrierten Leichen eines erbarmungslosen Konflikts. Man nenne irgendein Problem, und Mali wird es liefern.

Dass der weiße Mensch einmal mehr dazu beiträgt, dass Afrika da bleibt, wo es ist, nämlich mitten in der dreckigsten Misere, lässt sich am Beispiel dieses Landes einleuchtend demonstrieren. Überschrift: «Rape of Mali». Für die Teilnehmer an dieser Vergewaltigungsorgie klingen die drei Wörter höchst erfreulich. Sie klingen nach Geld, nach ungeheuer viel Geld.

Wie es läuft? Europäische Händler ziehen mit einem Range Rover und einer Kiste voller französischer Francs übers Hinterland und engagieren Heerscharen von Farmern. Für einen kärglichen Finderlohn werden die gutmütigen Habenichtse ihren Acker umgraben und alle Fundsachen beim weißen Herrn abliefern. Tonnen von Amuletten, Masken, Vasen, Figuren, Schmuck und Terrakotta-Statuen lagern unter Malis rotbrauner Erde. Manche der geplünderten Äcker sehen aus wie nach einem Bombenangriff, übersät von Trichtern. Nach Ägypten gilt das Land als reichste Fundgrube afrikanischer Kunst.

Damit alles seinen reibungslos-gesetzwidrigen Weg geht, engagieren die fremden Raubritter einen einheimischen Beamten. Der ist schwarz und trägt den inoffiziellen Titel eines «faciliteur», eines Erleichterers. Er ist der Zwischenmann, unterhält die – langfristig gepflegten und langfristig korrumpierten – Beziehungen zwischen den örtlichen Regierungsstellen und Antiquitätenhändlern. Er erleichtert das gegenseitige Verständnis, weiß genau, wer wann mit wie viel geschmiert werden muss, damit die Preziosen diskret das Land verlassen können. Selbstverständlich existiert ein Gesetz, das jegliche Ausfuhr des «nationalen Erbes» verbietet.

Eine Recherche wert wäre einmal das intensive Durchblättern der «export-licences» großer internationaler Museen, sagen wir mal des Metropolitan Museum of Art in New York. Oder der Smithonian Institution in Washington. Oder, noch erregender, ein kleiner Spaziergang durch die Schatztruhen privater Händler, die so stolz und geschmackvoll mit weltweit geklautem Zierrat ihre Eigenheime schmücken.

Alles das sind Gründe, warum die Hauptstadt Malis, Bamako, auch als Verbannungsort durchgehen könnte. Dazu passt die Zeitungsmeldung, dass zweiundachtzig Familien über tausend Diplomatenpässe verfügen. Um die ganze Verwandtschaft damit zu versorgen. Damit auch der «grand cousin», der Schuster am Eck neben der Moschee, immer seinen «passeport diplomatique» griffbereit hat. Sich rechtzeitig aus Bamako davonmachen zu können, allein der Gedanke daran stimmt froh. Nicht überraschend auch, dass die deutsche Botschaft hier in «Zone 12» liegt. Noch eine Klasse tiefer als Nouakchott. Deprimierender kann, laut Auswärtigem Amt in Bonn, eine Umgebung nicht sein. 36 Grad im Schatten. Und 45 Grad ohne Schatten. Rote Staubstürme während der Trockenperiode oder braune Schwemmfluten in der Regenzeit. Und Horden fliegender Händler, kriechender Krüppel und lebenslänglicher Habenichtse, die jedem Entgegenkommenden einen Sack beißender Schuldgefühle aufladen. Davonrennen muss man, will man nicht erdrückt werden vom Anhören einer pausenlosen Elendsjeremiade.

Nehmen wir Tom. Er «überlässt» mir einen Silberarmreif, versucht ihn mir mit Windgeschwindigkeit über den rechten Unterarm zu streifen. Alle Versuche, das ominöse «Geschenk» zu verweigern, scheitern. Als ich das Ding nicht loswerde, schon am Leib habe, kommt es heraus. Er will Geld, um ein Schaf zu kaufen, und damit die Geburt seines achten Sohnes feiern. Schließlich zückt er ein «Goldnugget», neunundzwanzig Gramm und garantiert unecht. Zwei malische Jahresgehälter würde er gerne dafür berechnen. Als ich mit der Polizei drohe, muss ich selber lachen. Kindischer kann man nicht drohen. Jede «Ordnungskraft» garantiert mehr Ärger als Tom, der zwölffache Vater und ambulante Schrotthändler.

Zwei Meter neben uns beiden hat inzwischen Monique Stellung bezogen. Tom warnt mich vor ihr. Recht hat er. Sie will bei mir ihre Pampelmusen abschlagen. Not macht klar. Ich weiß plötzlich, dass ich mich in der Nähe des «Central» befinde, eines libanesischen Restaurants. Wer sich rechtzeitig dorthin absetzt, darf sich für kurze Zeit entspannen. Im Menüpreis inbegriffen ist das Verjagen nachsetzender Individuen. Ich wetze los.

Aber einer entwaffnet. Es ist Bokar, das Monster, der Akrobat, der Charmeur. Plötzlich steht er vor mir, auf verdrehten Beinen, ein Mensch aus dem Mittelalter. In seinem Kopf die fürchterlichsten Basedow-Augen Afrikas, schwer schielend. Wie hypnotisiert ziehe ich ein paar Münzen heraus und werfe sie in die abgesägte Tomatendose, die er mir entgegenstreckt. Und jetzt passiert es. Blitzschnell reißt Bokar mit seinen zwei verwachsenen Händen die Konserve an das linke Auge und … fährt es heraus: zum Scharfstellen! Einen Atemzug lang hängen zwei Drittel des Augapfels außerhalb der Augenhöhle. Dann nickt er zufrieden, fährt zurück auf Ruhestellung.

Er grinst versöhnlich. Natürlich hat er bemerkt, dass ich reflexartig meine Hand ausstreckte, von der absurden Angst getrieben, sein Auge würde den Kopf verlassen und zu Boden fallen. Geradezu zärtlich strahlt Bokar mit seinen Scheinwerfern nun auf mein Gesicht. Ein Heulen entfährt mir, schon berührt von seinem Lebensmut, seiner Kraft, so ein verkrüppeltes Dasein auszuhalten. Aber Bokar will nicht, dass ich leide. Also fährt er wieder mit dem linken Auge auf Nahaufnahme. Vor und zurück. Bis wir anfangen zu lachen, bis er sicher ist, dass ich sein fürchterliches Gesicht ohne Schrecksekunde ertrage.

Bokar, der Clown. Hinter ihm, als Spruchband über die Straße gespannt, steht: «Devenez millionaire avec le tiercé», werden Sie Millionär mit der Dreierwette. Es bekümmert ihn nicht. Die Million ist unerreichbar. So weit – drei Meter über seinem Kopf – kann er nicht scharfstellen.

Mit dem Bus nach Norden, ins 635 Kilometer entfernte Mopti. Dort wartet ein Schiff, das mich an einen Ort bringen soll, von dem ich träume, seit ich träumen kann. Timbuktu. Bis es so weit ist, bis das Hirngespinst Wirklichkeit wird, gilt es, ein paar letzte Pannen zu überwinden. Die erste fängt nach zehn Minuten an. Ein mittlerer Motorschaden am Ortsausgang sorgt für die erste Pause. Sissiko, Lehrer und begabter Zyniker, erheitert uns – vierzig am Straßenrand röstende Passagiere – mit einem kleinen Reim: «Les uns vivent dans le beurre, les autres dans le malheur», die einen leben in Butter, die anderen im Unglück.

Aber in Afrika gibt es kein Malheur, das nicht zu reparieren wäre. Provisorisch allemal. Jeder Chauffeur ein gerissener Mechaniker. Weil ihm fast alles fehlt, nur nicht Phantasie und haarsträubende Ideen, um einen pensionsreifen Dieselmotor zur Weiterfahrt zu überreden.

Mittagessen in Sekou. Hier haben sie kein Restaurant Central. Hier umringen sie einen Tisch und sagen: «J'ai faim.» Wie soll man einen solchen Satz aushalten. Also schieben die einen, die Esser, den anderen, den Hungerleidern, den Reis vom Tellerrand auf die offene Hand.

Abends – der vierte Reifenplatzer zwingt zu einem längeren Aufenthalt – treffe ich in einem nahen Dorf den Bauer Rharit. Er hat zu essen und ein Dach über dem Kopf. Und zwei Frauen und vierzehn Kinder. Seine Welt endet am Dorfrand. Keine böse Nachricht von draußen verwundet ihn. Nur im Koran blättert er. Er kann ihn nicht lesen, wiederholt nur, was er vor langer Zeit auswendig lernte. Es ist, als hätten die Wörter längst ihren Sinn verloren. Nur die Musik der Sprache scheint ihn zu berühren, ihn einzuwiegen. Gelassen und regelmäßig bestellt er Frauen und Felder. Und gelassen und regelmäßig erntet er. Mais, Gemüse und Kinder.

Spätnachts Ankunft in Mopti. Der kleine Mohamed schleppt mich ab. Von der Busstation zum «Campement», dem Bruchbudenhotel, wo er eine Kommission kassiert. In Zimmer 11 ist gerade die Decke eingestürzt, aber Nummer 18 gilt als wetterfest. Nur die Toilette zeigt Eigenheiten. Zieht der Nachbar, spült es bei mir. Und umgekehrt. Am nächsten Morgen vereinbaren wir Klopfzeichen. Dreimal pochen: bitte spülen!

Kleine, hübsche Stadt. Direkt am Fluss Niger. Fast nichts fehlt. In dem ruhigen Restaurant «Sigui» darf man still und unbeobachtet eine Mahlzeit einnehmen. Mit erstaunlicher Eleganz sorgt Housmane für die störungsfreie Nahrungsaufnahme der anwesenden Gäste. Der athletische Mensch ist hier hauptberuflich als «Videur» tätig. Ein Leermacher, einer, der ausräumt, ein Rausschmeißer. Vor jedem Ruhestörer verbeugt er sich höflich, erst dann expediert er ihn nach draußen, vor die Tür.

Das Schiff für Timbuktu liegt bereits im Hafen. In fünf Tagen, so steht es auf dem Fahrplan und so verspricht mir der Kapitän, soll es losgehen. Das Boot wird nicht losgehen, nicht in fünf Tagen, nicht in fünfzig, nie. Aber das weiß ich heute noch nicht. Und so reise ich frohen Muts ab, um die Wartezeit zu nutzen für den Besuch eines scheuen

Volks, der Dogon. Sie leben keine hundert Kilometer entfernt, versteckt und isoliert entlang der mächtigen Felswand von Bandiagara. Vor Jahrhunderten flohen sie hierher, schutzsuchend vor der radikalen Islamisierung des Kontinents.

Poula, einer von ihnen, wird mich führen. Das ist eine Spielregel, mit der jeder Fremde einverstanden sein sollte. Um sich vor Fehltritten zu schützen, die so leicht unterlaufen können bei einem Stamm, dessen Welt so fern, so unbetretbar scheint wie die Rückseite des Mondes.

Eine Reise zurück in die Eisenzeit. Die Lehmhütten, die Strohdächer, die Kochtöpfe. Oben im Felsen die heute aufgegebenen Behausungen und Futterspeicher, einst Refugium der nun vertriebenen Pygmäen. Die dickbäuchigen Kinder auf ihren Zündholzbeinen. Das dumpfe, rhythmische Geräusch der hirsestampfenden Frauen. Die Warnsignale von Poula, nicht dorthin zu gehen und nicht dahin. Weil es an allen Ecken und Enden wimmelt von Fetischen.

Und die Stimme von «féticheur» Amagoa, der eine Eisenspitze mit weißem Baumwollstoff umwickelt und mir erklärt, wie man sich an einem Gegner rächt: nachts die Pfeilspitze «losschicken», Richtung Opfer. Und lebte der zum Tode Verurteilte in einem zwanzig Kilometer entfernten Dorf. Der Fluch wird ankommen, ihn «beißen» und, blutgetränkt, zum Absender zurückkehren. Als Belohnung bekommt das scharfe Stück Eisen – ich habe dreimal nachgefragt – ein Hühnchen. Zur Stärkung für den nächsten Mordauftrag. Den sich jeder Mörder wohl überlegt. Denn das Opfer, auch totgebissen, wird sich rächen. Amagoas

Vater ist schwer krank, die Beine lahmen. «Die Rache», flüstert Poula.

Während dieser Tage, an denen ich von Dorf zu Dorf wandere, höre ich, dass die Dogon-Väter dem Gouverneur eine Kuh als Lösegeld liefern. Um ihre Kinder vom Schulbesuch freizukaufen. Wie mir die Lust an aller Magie vergeht. Seit Generationen bereichert sie kein halber neuer Gedanke mehr. Wie sie einen fünfstündigen Regenschauer aussitzen und beim nächsten Regenschauer wieder nichts tun als hocken und Fliegenhorden von jeder denkbaren Körperöffnung verscheuchen.

In diesen Stunden gnadenloser Stille werde ich mir wieder bewusst, was für ein zivilisationsgeschädigter Mensch ich bin. Dass ich von Aufregung, Büchern, Zeitungen, Kinos, Kaffeehäusern und dem Lärm der Städte abhängig bin. Am Ende der Welt verfügt man über nichts, um die Schrecken der Einsamkeit zu ertragen.

Bei diesem lautlosen Totschlagen der Zeit fiel mir eine Reise durch Zaire ein. Dort hatte Staatschef und Politverbrecher Mobutu dem Arsenal seiner Strafen und Todesstrafen eine weitere hinzugefügt. Er nannte sie «Rustifikation»: das Verfrachten widerspenstiger Intellektueller in weit abgelegene Dörfer. Mit zweitausend Kilometer Fußweg zum nächsten Buch.

Hier verwittert alles. Die Kraft der Männer, die Neugierde der Kinder, die Schönheit der Frauen. Siebzehnjährige mit der Haut einer Alten. Alles verfällt. Nichts scheint wert, bewahrt zu werden.

Ich habe kein Recht, so zu reden. Wie ich das weiß. Und

wie dieses Wissen nichts ändert. Weil eine Reise durch Afrika nicht als moralische Veranstaltung funktioniert. Ich komme an Grenzen. Und dahinter, ja dahinter liegt meine Intoleranz.

Am letzten Abend wird alles gut. Wir sind drei. Poula, ich und Jean-Paul, ein Arzt aus Montpellier. Er ist als fliegende Apotheke unterwegs. Viele bitten, und jeder bekommt ein Pflaster über das wunde Knie, ein paar Tropfen auf die eitrigen Augen, ein Bonbon in den schmutzigen Mund.

Mehrmals müssen wir anhalten und nachdenken. Wasser verstellen den Weg. Die Regenfälle der letzten Tage haben das Land überschwemmt. Aus einem Rinnsal ist ein Fluss geworden. Haben wir Glück, dann finden wir einen hilfsbereiten Esel, der uns – in Unterhosen – ans andere Ufer schleppt. Haben wir keines, so müssen wir lange nach einer Furt suchen.

Bis alle Flüsse hinter uns liegen und wir Sumeila und sein Pferd Taja treffen. Wir machen ein Geschäft mit ihm, und er spannt den Karren an. Wir steigen auf, und aller Zauber dieses Erdteils kommt zurück. Der Himmel der hellen Nacht. Die warme Luft und das Erbarmen der Moskitos. Und die Stimme des fröhlichen Sumeila, der von seiner dritten Frau erzählt und der Wundercreme, die ihn beschützt vor den eigenen Eifersuchtsschüben. Denn jedes Mal, wenn er von zu Hause weggeht, trägt er ihr die Salbe auf. An der einen, entscheidenden Stelle. So überfällt jeden lüsternen Fremdling – und berührte er sie nur zwei Sekunden lang – schlagartig die heimtückische Impotenz. Tatscht er weiter, fällt er tot um.

Wie sich Sumeila über den so schwerelosen Keuschheitsgürtel freut. Gekauft von einem Marabut aus der Gegend. Ich frage nach seinen beiden anderen Frauen, der ersten und zweiten. Schmiert er sie auch ein? Nein, nein, sagt er, das wäre nicht mehr nötig. Sie schütze «die Natur». Wie taktvoll er das ausdrückt. Keine abschätzige Bemerkung, nur der blumige Hinweis, dass die Damen wohl zu betagt sind, um in ihm noch das Feuer eines nagenden Misstrauens zu entfachen.

Am nächsten Morgen zurück in Mopti. Sofort ins Büro der Schifffahrtsgesellschaft. Eine Fahrkarte kaufen. Niemand da. Nur das Zimmer und ein breiter Schreibtisch. Ich gehe hinaus und frage den Türwächter, ob niemand da sei. «Aber ja doch», meint er und schreit: «Amadou.» Ein wehleidiges Stöhnen folgt und ein verschlafener Dicker, zweifellos Amadou, kriecht unter dem einzigen Möbel hervor. Der Billeteur beim Auftauchen aus seinem 10.43-Uhr-Schlummer. Ich bitte höflich um Entschuldigung und ein Ticket. Er verzeiht mir lächelnd, versorgt mich mit allem, auch mit der beruhigenden Auskunft, dass es übermorgen nach Timbuktu losgeht. Ich ziehe aufs Schiff, will nichts versäumen.

Ich versäume nichts, denn in Mali haben sie Krieg. Im Süden des Landes konnte man ihn vergessen. Im Norden – und Mopti liegt genau an der Grenzlinie – wütet er. Wer diese Stadt verlässt, riskiert sein Leben. Die Tuareg – die «Weißen», die «Araber» – gegen die Schwarzen. Ewig schwelender Hass. Die Nomaden fühlen sich ausgeschlossen, vegetieren in den Wüsten des Nordens, noch ärmer als der schon bettelarme Süden. Und die Schwarzafrikaner spüren seit Jahrhunderten die Verachtung der «blauen Männer», wollen nicht verzeihen, dass sie so lange nichts anderes als ihre Sklaven waren. Ein «Pact National», unterschrieben von beiden Seiten am 11. 4. 92 in Bamako, blieb ohne Konsequenzen. Den Tuareg, knapp fünf Prozent der Gesamtbevölkerung, wurde eine bessere Infrastruktur versprochen. Und die Integration in Armee und Verwaltung.

Nichts hat sich gebessert. Für Straßen, Krankenhäuser und Schulen fehlt jedes Kapital. Und die Integration scheiterte bald an der gegenseitigen Unfähigkeit, von langgepflegten Feindbildern zu lassen. Jetzt massakrieren sie sich wieder. Tuaregkommandos stürmen Dörfer und Busse, schlachten alles nieder, was schwarz aussieht und auf zwei Beinen steht. Greise, Mütter, Säuglinge, wahllos. Die wenige Habe wird geplündert. Was übrig bleibt, angezündet. Im Gegenzug handeln Armee und privat organisierte Bürgerwehren nach dem übersichtlichsten Prinzip: keine Gefangenen. Auch tauchen auch keine Schwerverletzten auf, nur tödlich Verletzte. Jeder bekommt seinen Fangschuss. Versprochen, eisern.

Unser Schiff «Général Abdoulaya Sonmavé», schon voll mit Hunderten von Ziegen, Hennen und Händlern, schon überladen mit Tonnen von Früchten und dicken Maniokkolben, wird liegenbleiben. Weil ein typisch afrikanisches Problem auftaucht. Das auch nach einer Woche nicht gelöst wird. Und nicht nach fünf. Trotz phantastischer Gerüchte, Verhandlungen, Krisenstäbe, Kabinettssitzungen und flehentlicher Bittgesuche der Bauern, die ihre ganze Jahresernte – gedacht für den Verkauf in Timbuktu – verschimmeln sehen.

Dass wir ohne militärische Eskorte nicht ablegen würden, stand fest. Jedes Vehikel, das Mopti Richtung Norden verlässt, zu Wasser oder zu Lande, braucht einen bewaffneten Begleitschutz. Neu ist, dass die Soldaten aus der nahen Kaserne in Sévaré den Marschbefehl verweigern. Nur ausrücken und ihr Leben riskieren, wenn sie dafür extra bezahlt werden. Es handelt sich um die lächerliche Summe von umgerechnet 1600 DM für alle zwanzig Mann, inklusive Verpflegung. Das scheint die République du Mali zu überfordern. Erst recht, als die Soldaten weiterpokern und nachträglich für alle Einsätze des letzten Jahres entlohnt werden wollen. Jetzt geht es um 16 000 DM, und das Land, so erzählt mir der Kommandant, «befindet sich in einer nationalen Krise».

Die Bauern sammeln ihre halbverfaulten Mangos ein, ich ziehe aus meiner 42 Grad heiß glühenden Kabine. Sie sind schwarz und ruiniert, ich bin weiß und privilegiert. Der Landweg nach Timbuktu ist geschlossen. Versperrt vom Schlamm der Regenzeit. Auch zieht hier kein Soldat mehr mit. Auch nicht im Sommer. Wer hier durchfährt, kommt selten an. Aber es gibt einen Ausweg, ein Flugzeug. Und es gibt René Caillié, den Mutmacher, den Antreiber.

Seit Tagen lese ich wieder in seinen Memoiren. Er war der erste Europäer, der Timbuktu sah – und überlebte. Einmal schrieb er: «Diese Stadt wurde das unaufhörliche Objekt meiner Gedanken, das Ziel all meiner Anstrengungen. Ich nahm mir vor, sie zu betreten oder zugrunde zu gehen.» Der tapfere René. Was er vor bald hundertsiebzig Jahren auf sich nahm, um seine Sehnsüchte nicht preiszugeben, das fordert atemlose Bewunderung. Mich jagen andere Ängste, moderne. Mehr Einbildung als tatsächliche Gefahr. Aber der Schrecken beim Anblick eines neunundzwanzigjährigen Modells russischer Luftfahrttechnik ist zäh und gemein. Auf der löchrigen Startbahn steht eine blecherne Antonow. So privilegiert fühle ich mich nun doch nicht. Aber der Kopilot verspricht mir lächelnd, dass die Maschine die nächsten vierhundert Kilometer nicht herunterfallen wird. Ich denke an René. Ich will ihn nicht enttäuschen. Zu oft hat er mir von «Tombouctou» geredet, mich längst unwiderruflich verseucht mit seiner Neugier.

Fünftes Kapitel

Flug über die nackte Sahel. Menschenleer, nur Sand und Sumpf und die braune Ader des Niger. Der Kopilot hält Wort. Die Antonow bleibt die ganzen neunzig Minuten oben. Dann sichere, harte Landung in Timbuktu. Den Pistenrand überwacht die malische Armee, die Maschinengewehre hinaus auf die Wüste gerichtet. Erinnerung an einen Krieg, der den Sand hier mit Blut tränkt. Das kümmerliche militärische Aufgebot soll verhindern, dass Tuareg die Flugzeuge vom Himmel schießen.

Wer diese Stadt mit den verkehrten Vorstellungen betritt, der wird heulen vor Bitterkeit. Die märchenhafte Oase, an der die Karawanen auf ihrem Weg von Afrikas Westküste nach Damaskus vorbeizogen, überladen mit Salz, Seide, Gold und Edelstein, Gewürzen, Wissen und Menschensklaven, die gibt es nicht mehr. So wenig wie jenes Universitätszentrum, voll von nach Einsicht und Gedanken hungernden Studenten und Wissenschaftlern. Schlaflose Neugierige, die Namen für Tiere und Pflanzen erfanden, sich bereits im vierzehnten Jahrhundert an Augenoperationen wagten, nach dem Ursprung der Wörter suchten und die Ziffer Null in die Mathematik einführten.

So lang vorbei. Mancher hat sein Leben riskiert, um hier anzukommen. Und ging kopfschüttelnd davon, nicht fassend, was an diesem Viereck zerbröselnder Lehmhäuser so hinreißend sein sollte. Für all diese Beleidigten hat der französische Reporter Albert Londres – ein paar Jahre älter und nicht weniger rasend als Egon Erwin Kisch – fünf Sätze aufgeschrieben. Die sollte lesen, wer hierher aufbricht. Damit hier keiner am falschen Ort bauchlandet: «Alle sind gekommen, um ein Geheimnis zu sehen. Ohne Erfolg, wie es scheint. Aber ein Geheimnis sieht man nicht, meine Freunde. Man spürt es. Es äußert sich ohne Stimme, lautlos, wie ein Taubstummer.»

Tatsächlich still, diese Stadt. Als ich das Hotel «Azalaï» betrete, bin ich der einzige Gast. Für drei Minuten. So lange dauert es, um zu entscheiden, dass es nicht lohnt, wegen eines Besuchers allein das Stromaggregat anzuwerfen. Aber die 37 000 Einwohner haben noch ein zweites Hotel. Hier gibt es kein Aggregat, dafür acht sich zwischen Waschbecken und Dusche tummelnde Kakerlaken.

Der kleine Yussuf spricht mich an. Er würde gern «mon guide» sein. Er findet den richtigen Ton. Vorsichtig, ohne Aggression. Seit Mopti bin ich nur noch Messer. Bei Anmache: Zorn. Fühlte mich geschlachtet von den Zumutungen der an allen Ecken lauernden «Führer». Der Vierzehnjährige wird mich verteidigen. Gegen die hiesigen Heerscharen arbeitsloser Jugendlicher, die jeden ankommenden Weißen jagen, um ein paar Groschen zu verdienen.

Wanderungen durch das Mittelalter. Gassen, Gässchen, tausend Winkel. Die von Sonne und Regen geschrumpften Flachbauten. Sandruinen. Frauen, die in Öfen neben der Straße das Brot backen. Das Gejohle und das Schnalzen der Peitschenhiebe aus den Koranschulen. Ein verdorrter Steinhügel als Friedhof. Die rostige Leichenbahre neben dem Eingangstor. Die ziegentreibenden Kinder. Die Alten, die am helllichten Tag in die Hocke gehen und öffentlich ihre großen und kleinen Bedürfnisse erledigen. Männer, die bei sengender Hitze in einen zwanzig Meter tiefen Krater hinuntersteigen. Um mit zwei Kanistern Wasser nach oben zu keuchen. Nahrung für ein paar Quadratmeter Gemüse.

Spurensuche zurück ins neunzehnte Jahrhundert. Das Haus, in dem René Caillié lebte. Ein einfacher Schuster aus Frankreich, der seinen Beruf wegwarf und als Siebzehnjähriger beschloss, sein Leben herzugeben für seinen Traum, für «Tombouctou». Halb tot, geschwächt von Angst, Entbehrung und bösartigen Infektionen, kommt er am 23. April 1828 hier an. Um nach elf Tagen wieder abzureisen. Wieder heimlich und verkleidet, wieder unter Lebensgefahr. Und um zehn Jahre später, noch nicht vierzig, endgültig an Timbuktu und den heimgeschleppten Entsagungen zu sterben. «Hütet euch vor den Sehnsüchten, die in Erfüllung gehen.» Caillié hat diesen Satz von Mallarmé nicht mehr lesen können.

Der Engländer Gordon Laing auch nicht. Einen Steinwurf daneben steht «sein» Haus. Er war tatsächlich der erste Europäer, der Timbuktu erreichte. 1826. Aber sein Ausbruch scheiterte. Nur einige Tagesritte entfernt, stürzt er vom Kamel, niedergestreckt von den Dolchen seiner Mörder.

Der dritte dieser Giganten war der deutsche Geograph Heinrich Barth. Schullehrer Alphadi – seine Familie wohnt seit Generationen in dem Haus, in dessen Erdgeschoss Barth ein einfaches Zimmer bewohnte – lädt mich zum

Tee herein. Barths Leistungen sind überirdisch. Er hatte bereits die Sahara durchquert, als er 1853 in Timbuktu ankam. Zwei Jahre lang konnte er seine Identität verstecken und – hundert Vorsichtsmaßnahmen bedenkend – ausgiebigen Forschungsarbeiten nachgehen. Er sprach perfekt arabisch und sah, so heißt es, irgendwann genauso aus wie seine einheimischen Nachbarn. Bis zu dem Tag, an dem er als «Christ» entlarvt wurde. Folglich sein Kopf heruntermusste. Seine arabischen Freunde warnen ihn. Die Flucht gelingt. Als Fünfundvierzigjähriger stirbt Barth. In Afrika wird keiner alt.

«Die Stadt der 333 Heiligen» ist noch immer streng mit dem Fremden. Und gehörig misstrauisch. Das hat Tradition. Und sehr aktuelle Beweggründe. Timbuktu liegt mitten im Bürgerkriegsgebiet. Immer wieder wird Yussuf von einem Soldaten angehalten und gefragt, was wir zwei vorhätten. Ich muss meine Papiere zeigen. Jeder, der die Stadtgrenzen überschreitet, bekommt einen Stempel in den Pass, so groß wie ein Visum. Und wie stolz sie hier sind. Als wir uns auf den Rand eines Denkmals setzen, für Momente vergessend, dass die verwitterten Steinblöcke in der Mitte des Place de l'Independance stehen, läuft schreiend der amtlich bestallte Aufpasser auf uns zu und verkündet erbost (und nicht unwitzig), dass «das Hinsetzen unserer Hintern an dieser Stelle ein Ausdruck gegen die Unabhängigkeit sei».

Wunderlich, anders alles. Draußen am Dorfrand stehen Schilder mit den Entfernungen zu den nächsten Dörfern. Aber nicht einmal die Hälfte der tatsächlichen Distanz ist auf den Holzbrettern zu lesen. Aus Fürsorge. Damit kein

Reisender entmutigt wird. Stünde die Wahrheit da, keiner hätte den Mut für die lange Strecke.

Albert Londres hat recht, mit jedem Wort. Die seltsame Magie dieses Orts lässt sich nicht vertreiben. Vielleicht liegt es an der Lage, an der Verlassenheit. Nur ein paar Dörfer, nur ein Fluss, nur hunderttausend Quadratkilometer Wüste liegen in der Nähe.

Abends, unauffällig, die Stadt verlassen und von einem Hügel zurück auf die wenigen Lichter blicken. Sitzen und atmen. Und nur die kleinen Geräusche von weit her vernehmen. Einmal mehr begreife ich nicht die Menschen, die von hier nicht wegwollen. Stille. Die Einsamkeit als Trip, als heftiger, herzschlagtreibender Thrill.

Noch ein Ereignis: «La Pâtisserie». Ein winziges, sauberes Restaurant. Hier gibt es Kaffee und Croissants zum Frühstück. Die Alternative wäre das morgendliche Abfieseln eines Schafskopfs. In die Konditorei kommen manchmal zwei, drei Frauen. Allein oder in Begleitung. Ihre Eleganz. Wie sie auf Schönheit bestehen in diesem Wüstenei. Sie lassen nichts verkommen, auch nicht ihr Verlangen zu gefallen, sich und den anderen. Dass hinter den Schönen, in irgendeiner der vier Ecken, immer ein Hungerleider kauert und mit seiner Blechdose scheppert, auch das ist Timbuktu. Er wacht darüber, dass wir uns jeden Augenblick daran erinnern, wo wir sind. An einem der vielen Enden der Welt, armselig und überladen mit einem Sack grotesker Probleme.

Eines heißt Mord und Totschlag. Immer wurden wir zurückgeschickt, wenn wir hinter dem großen, leeren Hotel die Umgebung erkundschaften wollten. «Interdit», hieß es. Ohne Angabe von Gründen. Bis uns beiden gelingt, unbemerkt an den verschiedenen Militärposten vorbeizuwischen. Wüste, absolut keine besonderen Vorkommnisse. Nur ein Junge, der plötzlich auftaucht und sich scheu uns nähert. Er weiß etwas und ahnt, dass ich es wissen will. Wir reden kaum. Ein paar Worte, ein Kopfnicken. Dann nimmt er mein Geld und meine Hand und führt uns hinter die nächste Düne.

Und da liegen sie. Hunderte von Tuareg, die nicht mehr rechtzeitig die Stadt verlassen konnten. Vertrieben vom Hass, der das Land seit Jahren spaltet. Besonders im Norden – und Timbuktu liegt mittendrin – grassiert dieser barbarische Kleinkrieg. Die Nomaden gegen den Staat Mali und seine Armee. Beide Seiten metzeln. Hier schlachteten die Soldaten. Kopflos oder mit gespaltenen Schädeln, ohne Beine und mit aufgeschnittener Gurgel stecken die Leichen im Sand. Schwarze Käfer kriechen aus ihren verwesenden Augen. Der Wind weht sacht durch das Haar der Toten. Hier war kein Kampf, hier wurde exekutiert. Die Verachtung muss immens sein. Hinrichten und liegenlassen. Nicht einmal die Mühe, die Opfer zu verscharren.

Yussuf hat Angst. Er wusste nichts von der Hinrichtung. Der Kleine zittert, zerrt mich weg, will nicht träumen von den «traurigen Köpfen». Aber er bestätigt etwas anderes, etwas in diesem Zusammenhang so makaber Witziges. Hierher, da wo jetzt die Kadaver den Weg versperren, kamen nachts die sehnsüchtigen Männer. Still und gierig, zwischen Sternenhimmel und Wüste, legten sie sich nieder zur schnellen Liebe. Genau bei diesen Dünen warteten die Huren von Timbuktu auf Kundschaft. In diesen Sandgruben war einmal viel Leben, jetzt liegt der Tod herum.

Am nächsten Tag sitze ich in der «Bibliothèque Ahmed Baba». Ich bin allein. Was nicht verwundern sollte. Augenblicklich ist diese Stadt geistig schlecht durchlüftet. Anderer Männer und Frauen Gedanken verschimmeln in ungelesenen Büchern, ein strammer Islam herrscht.

Wunderbar märchenstille Bibliothek. Ich versinke, bis mich jemand vorsichtig an der Schulter fasst. Der Hausmeister, er flüstert, so als müsste er diese Nachricht sorgfältig verstecken: «Kommen Sie, ich weiß jemanden, der Sie interessieren könnte.» Und er führt mich um ein paar Ecken vor eine Hofmauer mit schiefem Tor. «Gehen Sie hinein», sagt er schnell, «ich habe mit Monsieur Haïdara bereits gesprochen. Er weiß Bescheid.» Er verschwindet, lässt keine Zeit für weitere Fragen.

Die Tür geht auf, und Ismaïl Diadie Haïdara öffnet. Ein junger Mensch, vielleicht fünfunddreißig, mit schwarzen, intensiven Augen. Er scheint so froh zu sein, mich zu sehen. Seltsam. Wir gehen ins Haus. In seinem Arbeitszimmer, zwischen Matratze und winzigem Schreibtisch, zwischen Büchern und Fliegen, fangen wir an zu reden. Ein halbes Jahr lebt er hier bei seinem gelähmten Vater, die andere Hälfte gibt er Gastvorlesungen an Universitäten in Spanien und Marokko. Ismaïl ist gelernter Historiker, ein Dichter, ein Schriftsteller, ein polyglotter Ketzer, ein Geschenk des Himmels, der einsamste Mensch von Timbuktu.

Er berichtet von einem anderen Geist in dieser Stadt.

Vor dem neunzehnten Jahrhundert. Auch da galt sie als Zentrum des Islams, aber weit und offen. Eine jüdische Gemeinde gab es. Und Christen, spanische Poeten und Architekten, die dichteten und berühmte Moscheen entwarfen. (Kein einziger Jude lebt heute mehr in der Stadt. Und Pastor Nouh, der in seinem Baptisten-Kirchlein mit Blechdach eine Gemeinde von weniger als fünfzig Mutigen versammelt, klärte mich vor einigen Tagen auf: über die Mühsal, als «Ungläubiger» nicht zur Mehrheit zu gehören.)

Ismaïl bleibt mit Hilfe seiner Arbeit am Leben. Ich höre ihm zu, und ein überwältigendes Gefühl der Liebe für Sprache überkommt mich. Weil ich spüre, wie seine Liebe ihn trägt. Wie die arabischen, die französischen, die spanischen Wörter ihn nähren. Wie die Poesie, wie fremde Ideen sein Herz antreiben, seine Lebenslust organisieren. Einfach phänomenal, als er in das Klappern des Ventilators den Namen von Konstantin Kavavis spricht. Régis Debray, Octavio Paz und Saint-John Perse erwähnt. Und von seiner Freude beim Lesen von Hölderlin-Gedichten erzählt. Glattes Wunder. Der klar und deutlich ausgesprochene Name «Friedrich Hölderlin», mitten in Timbuktu.

Nach vier Stunden muss ich hinaus. Mit dem deprimierenden Wissen, dass ich als Nächstes, ein zweites Mal, eine Antonow besteigen muss. Und mit der nicht mehr zu widerrufenden Überzeugung, dass Timbuktu ein sagenhafter Platz ist. Voller Sagen, voller Geheimnisse, den bösen und den lockenden. Und mit Toten und Schönen. Und mit einem Hausmeister, dem ich Ismaïl Diadie Haïdara verdanke.

Zurück nach Mopti. Wieder transpiriere ich grundlos.

Das sowjetische Alteisen hält durch. Noch am selben Abend weiter mit einem «taxi-brousse», Richtung Burkina Faso. Das erste Land, vor dem mich kein deutscher Botschafter warnte. Zu Recht. Ruhige Überfahrt. Nur Alltag auf den knapp fünfhundert Kilometern. Eine Ziege schleudert vom Dach, ein rechtes Seitenfenster verabschiedet sich klirrend, die Stoßdämpfer dämpfen schon bald keinen Stoß mehr, irgendwann fehlt das Benzin. «Pas de problème», unser Fahrer stoppt einen alten Spezi. Wir werden umgeladen und neu eingeschichtet. Fliegender Wechsel. So stimmt der Aufkleber, der über der Stoßstange unseres liegengebliebenen Peugeot leuchtet: «Expresstaxi. Comfort – Sécurité – Ponctualité». Mit lediglich sechs Stunden Verspätung erreichen wir am nächsten Nachmittag Bobo-Dioulasso, die zweitgrößte Stadt des Landes.

Diese Zwischenstation will ich nicht vergessen, nie. Denn hier wartet eine Erleuchtung auf mich. Und Charlie ist dafür verantwortlich. Weil der junge Burkiner tags darauf auf mich zukommt, um mir etwas anzudrehen. Er ist vielleicht der fünfundzwanzigste, der mich seit dem frühen Morgen mit einem Vorschlag zur Geldübergabe heimsucht. Nicht als Bettler, sondern als Vertreter einer Rasse, der jeder alleinstehende Reisende ausgeliefert ist, der Rasse der Zeithaber, der Anmacher und Bewisperer.

In Washington gibt es ein kostbares Wort, es heißt: «face time». Es handelt sich um jene Zeit, die jedem Berater des Weißen Hauses zugestanden wird, um mit dem Präsidenten «face to face», von Angesicht zu Angesicht, zu reden. Es geht um fünf oder fünfzehn Minuten. In Afrika haben sie immer «face time». Durchgehend, vierundzwanzig Stunden lang.

Wie im Falle von Charlie. Doch er wird mich erleuchten. Was habe ich nicht, was hat nicht jeder andere schon ausprobiert, um mit Typen wie ihm fertigzuwerden. Anfälle von überirdischer Menschenliebe, Worte des Mitleidens und des Verständnisses, Charme und Witz, Lug und Trug, Demutsgesten, Flüche und Veitstänze des Zorns, Vortäuschen einer plötzlich ausbrechenden Krankheit, Verstummen und Versinken in eine bodenlose Depression, die nackte Flucht. Alles kindisch, erfolglos, adrenalinjagend.

Bis eben der Blick in Charlies Gesicht, das Gesicht eines hochbegabten Schwadroneurs, mir mit einem Mal Frieden verschafft. Und ich leuchte. Weil ein Koan birst und ich die Antwort habe: Verführung. Und ich verführe ihn. Zum Reden über das, was ihn, uns alle, am innigsten beschäftigt: das eigene Leben. Und es funktioniert. Er vergisst den Plunder, die «bonnet climatisé», die klimatisierte Mütze, die er abstoßen wollte, und fängt an zu erzählen. Blüht bald vor Begeisterung über seine mit Verve und Phantasie vorgetragene Vergangenheit als «tombeur», als Beilieger zahlreicher Frauenkörper.

Früher hätte ich niemals von Charlie Kader, dem rastlosen Sexathleten aus Bobo-Dioulasso gehört. Und nicht von seiner List, mit deren Hilfe er dem chinesischen Geheimdienst entgeht. Denn der verteilt in Afrika seit Jahren Präservative mit vergifteten Spitzen. Sagt Charlie, und: «China ist voll. Die brauchen neues Land. Also kommen sie hierher und legen uns um.» Aber nicht ihn. Charlie nicht. Er zieht schon lang kein Plastik mehr über. «Außerdem», Charlie senkt vorsichtshalber die Stimme, «haben alle Kondomfabrikanten ihre Privatarmeen. Fremdenlegionäre, die jeden Wissenschaftler, der ein Mittel gegen Aids findet, über den Haufen schießen.»

Mit Charlie ging es los. Und hielt den Rest der Reise an. Alle wollte ich verführen. Die meisten bekam ich herum. So geschieht genau das Gegenteil von dem, was der andere beabsichtigte. Statt mir etwas einzureden, beschenkt er mich. Und mit seiner Geschichte im Kopf – und leeren Händen – ziehe ich weiter. Bis ich den Nächsten treffe, der sich für einen Täter hält und doch nicht weiß, dass er mein Opfer wird. Händigt er mir doch das Kostbarste aus, was er besitzt. Seine verstecktesten Sehnsüchte, seine Geschichte.

Trotzdem, Afrika werde ich nie begreifen, natürlich nicht. Zuhören ja, aufschreiben ja. Aber einen Zusammenhang herstellen, das sicher nicht. Beispiel: Togor. Ein rüstiger, findiger Taxifahrer. Als er mir von seiner elfköpfigen Familie vorjammert, platze ich heraus: «Togor, du greinst mir die Hucke voll mit deinen Geldproblemen und hörst nicht auf, deine Frauen zu schwängern. Erklär mir das.» Und Togor erklärt das auf die logischste, afrikanischste Weise: «Schau, du bist Weißer, das verstehst du nicht. Der Afrikaner ist eifersüchtig. Es gibt so viele Fetischisten, so viele Spitzbuben, so viele Krankheiten, die deine Familie dezimieren. Also muss ich was dagegen unternehmen.» Deshalb muss Togor zeugen. Und deshalb isst er auch keine Eier. Weil sonst die Babys davonfliegen.»

Diesen letzten Satz habe ich auswendig gelernt. Irgendwann, nach hundert Wiedergeburten auf diesem Kontinent, werde ich ihn enträtselt haben.

Busreise ins kleine, rührige Ouagadougou. Hauptstadt der so freundlichen zehn Millionen Burkiner. Natürlich arm. Aber es geht vorwärts, ganz langsam und bescheiden. Seit 1960 «unabhängig» von Frankreich, mit 275 000 Quadratkilometern für hundertsechzig verschiedene Stämme und sechzig verschiedene Sprachen. Doch bürgerkriegsfrei, völkermordfrei, friedvoll. Sie exportieren Baumwolle, Vieh, Gold, Mangos und Bohnen. Sogar die deutsche Botschaft gibt sich optimistisch. Auch wenn sie hier in «Zone 12» darben müssen. Weil es hier klein und rührig ist. Und sonst nichts.

Die größte Sensation am Platz ist eine Gaststätte, das «L'Eau Vive». Ein Blick ins (christliche) Paradies. Katholische Nonnen führen das sauberste Restaurant Afrikas. Ein Fußboden zum Abschlecken und das Gedeck für eine Prinzenhochzeit. Und im Hof eine Jungfrau-Maria-Statue mit Springbrunnen. Der Höhepunkt des Ganzen findet allabendlich um 22 Uhr statt. Dann stellen sich die sechs Schwestern zwischen den Tischen auf und trällern das «Ave Maria». Hoch und heilig. Und die Gäste kauen still und lauschen. Wer muss, darf mitsingen. So brav, so lieb sind sie im fernen Ouagadougou.

Ganz anders doch sonst in Afrika. Auf meinem Weg zurück ins Bett komme ich am Hotelkiosk vorbei. Hier werde ich erinnert. Ganz vorne hängt «Paris Match» aus. Die dümmliche Wochenpostille aus Paris scheint ein Renner im frankophonen Teil des Erdteils. Diesmal steht auf dem Cover: «Frankreichs beste Abiturientin berichtet für uns über den Horror aus Ruanda.» Das ist clever. Eine Einserschülerin für erste Stilübungen in ein afrikanisches Schlachthaus schicken. Daneben – noch immer das Titelblatt – planscht Prinzessin Stephanie von Monaco im Bikini, gerade im Urlaub, «au bout du monde», am Ende der Welt. Die Kluge, die Schöne, der Genozid.

Am nächsten Tag muss ich mich anstrengen. Es geht um den Erwerb eines Zugtickets. Für die 1154 Kilometer nach Abidjan, der Hauptstadt der Côte d'Ivoire. Der Fahrscheinverkäufer ist verschwunden. Als er abends – der Bahnhofsvorsteher hilft mit, ihn zu suchen – auftaucht, gibt es keinen Platz mehr. Als es – wieder mit Hilfe des Chefs – endlich doch eine Fahrkarte gibt, fehlt der Zug. Hochwasser steht im Weg, wir müssen warten.

Angenehmer Zwangsaufenthalt. Ich lerne, dass sie hier in Regenzeiten die Schuhe nicht mehr putzen, sondern waschen. Mit eingeschäumten Stiefeln dasitzen und entspannen. Um ein Haar so wohlig wie die Freuden einer Fußmassage.

Das Leben in der Nähe der Burkiner ist herzlich und voll leichtsinniger Gesten. Auch läuft das Wasser irgendwann ab, und der Zug kommt. Der Chef holt mich ab. Meine gestern gestellte Frage, ob er ein glücklicher Mensch sei, hat ihn sehr berührt. Als würde er zum ersten Mal danach gefragt. Als hätte ein solcher Luxus – das eigene Frohsein – ihn noch nie beschäftigt. Seine Verwunderung passte zu ihm. Von Anfang an schien er so hilfsbereit und bescheiden.

Jetzt besteht er darauf, mich persönlich in den einen

und einzigen Waggon zu führen, dessen Innenausstattung noch Spuren von Zivilisation aufweist.

Wir werden voll bis auf den vorletzten Stehplatz. Umzingelt von afrikanischen Gepäcktonnen. Das scheint die Freude am Wegfahren nicht zu trüben. Der Koch zerlegt bereits das erste Schaf, Bierflaschen knallen, der Schaffner winkt, eine junge Frau legt sorglos ihr Kind an die Brust. Wir alle sind jetzt die anderen. Jene, die Rudyard Kipling meinte, als er zu dem einfachen Schluss gekommen war, dass es im Grunde nur zwei Sorten von Männern und Frauen gibt: «Diejenigen, die zu Hause bleiben. Und die anderen.»

Sechstes Kapitel

Schönes Zugfahren. Sechsunddreißig Stunden und so viele Geschichten lang. Die gemeinste erzählt mir Méliane, eine junge, emanzipierte afrikanische Frau aus Ouagadougou. Wir sitzen im gleichen Abteil, wollen beide nach Abidjan. Man spürt ihre Wut, wenn sie loslegt. Weil sie vor achtundzwanzig Jahren ein Opfer war. Und nicht vergessen will. In jeder Liebesnacht daran erinnert wird, dass ihr ein wesentlicher Teil ihres Körpers gestohlen wurde. Sie unheilbar beschädigt wurde von einer finsteren Alten, die mit einem Küchenmesser einen grausigen Ritus an ihr vollzog.

Das dumme Weib als Erfüllungsgehilfe anmaßender Männer. Protzige Gecken, die gern zu schwerer Körperverletzung greifen, um sich der Treue ihrer Frauen zu versichern. Lusträuber. Denn fehlt die Klitoris, fehlt alle Erregung, sprich, jedes Verlangen nach einem anderen Mann. Heute zieht Méliane in ihrer freien Zeit durch die Dörfer, klärt auf, will die barbarische Beschneidung aus Afrika vertreiben.

Stunden bevor wir die Grenze erreichen, wird es unruhig im Zug. Seltsame Manöver finden statt. Die Schmuggelware ist rechtzeitig und intelligent zu verstauen. Den besten Profit bringt französischer Pastis, der drüben an der Côte d'Ivoire viel teurer ist. Der Koch dirigiert, er weiß die Schlupflöcher, kennt am genauesten die Psychologie schnüffelnder Zollbeamter.

In Niangoloko, dem Grenzort, müssen Ausländer zur Passkontrolle ins Büro. Die bis zuletzt freundlichen Burkiner. Lächeln, stempeln, keine besonderen Vorkommnisse. Bis ich ein herzaufschneidendes Wimmern vernehme. Direkt von nebenan. Die Beamten haben nichts dagegen, dass ich nachschaue. Ich öffne die nächste Tür, und dahinter kniet eine Frau, schluchzend. Zwei Meter neben ihr eine andere Frau, sie schnaubt vor Giftigkeit. Der dramatische Auftritt der beiden entpuppt sich als alltägliche Szene. Eher lustig als erbarmungswürdig. Die schluchzende soll etwas gestohlen haben, einen Schal. Sagt die giftige, die Schalbesitzerin. Das zänkische Duo, so der Zollchef, sei hier vorübergehend zwischengelagert. Bis die schrillsten Geräusche sich gelegt hätten und mit einer lautloseren Protokollaufnahme begonnen werden könne.

Mein Freund, der Bahnhofsvorsteher, hat Wort gehalten. Sogar ein Bett in einem Liegewagen gibt es. Ein kleiner Luxus angesichts der querliegenden Schläfer, die ineinandergekeilt den Weg zur Kabine pflastern. Feucht vom Platzregen, der durch zerbrochene Fensterscheiben peitscht.

Und noch eine Freude. In der zweiten Koje liegt Lin, Handelsvertreter aus Peking mit festem Wohnsitz in Deutschland. Zurzeit mit einem Beutel voller Rinderhäute unterwegs. Als Proben für eventuelle Geschäfte. Ein feiner Mensch. Afrika quält ihn. Doch Lin behält Stil. Sein höflicher Umgang mit den Schwarzen fällt auf. Der Fünfundfünfzigjährige entwirft folgende Weltordnung: Hamburg, ganz oben. Irgendwo in der Mitte, China. Und am Ende, ganz unten, Afrika.

Am nächsten Morgen klopft Ardel an unsere Tür. Die resolute Dicke ist gerade zugestiegen und fragt, ob sie ihre Ware bei uns abladen kann. Wie nein sagen? Afrika ist wie ein Hochwasser, zuletzt dringt es in jede Ritze. Vor unserem Erste-Klasse-Abteil liegt die Dritte Welt. Zudem hat Maman Charme und fünf Kinder zu ernähren. Sie wuchtet ihre Gemüsekörbe herein, sie muss zum Markt nach Abidjan.

Später geraten wir in einen bemerkenswerten Zustand. Ardel, Lin und ich, die Afrikanerin, der Asiate, der Europäer, wir reden. Und plötzlich ist es still. Der Zug schaukelt, über unsere Gesichter rinnt der Schweiß, jeder träumt. Und jeder registriert wohl die Harmonie, die lässige Menschenfreundlichkeit, die uns für kurze Zeit begleitet.

Die vergeht irgendwann, und es wird heiter. Denn Ardel hat beschlossen, mich zum Träger ihrer Lasten und Finanzier des fälligen Taxis zu bestimmen. Da ich bereits anders disponiert habe, setze ich mich genau in dem Augenblick ab, in dem sie an einem Vorortbahnhof eine Bananenstaude zum Fenster hinausstreckt. Flucht in den übernächsten Waggon. Aber Ardel, die Resolute, entdeckt die Hinterlist und setzt gellend nach. Schwieriger Fluchtweg, die vielen herumliegenden Leiber verhindern einen eleganten Abgang. Die Not erweist sich als Lösung, ich werfe mich zwischen zwei Koffern und drei Schläfern zu Boden, bedecke mit dem schmutzigen, erdbraunen Rucksack meine verräterische Haut. Die Dicke staubt vorbei, ich entkomme ungeschoren der Requisition.

Wucherndes Abidjan. Das moderne, funktionierende Zentrum. Und die uralten und brandneuen Slums weit draußen. Fünf der dreizehn Millionen Einwohner des Landes sind hier zusammengepfercht. Vieles in dieser Stadt sieht gut aus. Das Abendlicht in den rot leuchtenden Flamboyant-Bäumen, die Gesichter so vieler Frauen, der blaue Himmel über dem blauen Atlantik. Aber: Wer hier gesund und im Vollbesitz seiner Barschaften wieder weggehen will, sollte sich aufmerksam umsehen. Im ganz wörtlichen Sinne. Die Wirklichkeit ist noch weit krimineller als der miserable Ruf der Stadt. Mit zwei schnellen Sprints und einem fixen Taxifahrer komme ich zweimal davon.

Wer nicht rechtzeitig ein Fluchtauto findet, dem stehen andere Hilfsmittel zur Verfügung. Entlang der Bürgersteige haben die «guérisseurs», die Heiler, ihre Buschapotheken ausgelegt. Daneben eine Wandtafel, auf der anschaulich die Leiden von Mann und Frau dargestellt sind. Mit Nachdruck wird auf die verschiedenen (krankhaften) Körpersäfte hingewiesen, die alle verfügbaren Ausgänge des Leibes (schmerzhaft) verlassen. Die Farben rot und braun herrschen vor. Wer nach Abidjan kommt, sollte sich folglich mit einer Schatulle «Anti-Aggressions»-Pillen ausrüsten. (Man sieht einen Knüppel schwungvoll auf eine Schädeldecke heruntersausen.) Wer sie verschluckt, an dem fährt jedes Messer, jede Kugel vorbei. Sollte sich dabei doch einer, vor Schreck, in die Hose machen, der greife beim nächsten Mal zu den «Anti-Piss»-Tropfen. Sie bremsen, so verspricht mir Alassane, die peinlichsten Reflexe.

Wer seine gröbsten Ängste endlich im Griff hat, kann

sich an Ort und Stelle generalüberholen lassen. Ein «diable de l'eau», ein Wasserteufel-Wasser, steht dem kränkelnden Diabetiker zur Verfügung. Wer seine primären Geschlechtsteile vergrößern will, zeige auf ein Schächtelchen mit der erfreulichen Nachricht «Grosse Bite». Wer mit einem Buckel geschlagen ist, der muss viermal täglich schwarzes Pulver in heiße Kuhmilch rühren und – in einem Zug – schlürfen. Nach genau sieben Nächten fängt die wuchtige Beule an zu schrumpfen. So steht es hintendrauf.

Eine merkwürdige Nacht folgt. Ich bin auf dem Weg zurück in mein Hotel, kurz nach 23 Uhr, als ich einen kleinen Jungen auf mich zulaufen sehe. Er nimmt meine linke Hand und bittet um ein paar Groschen. Erbarmungslos wie ein toter Stein sage ich nein. Ich leide augenblicklich unter dem Afrika-Blues, will gerade glauben, dass ich für niemandes Elend verantwortlich bin. Außerdem bilde ich mir ein, heute schon genug gespendet zu haben. Aber der Kleine lässt nicht los, eindringlich und leise bittet er um Hilfe. Was mich nicht aufweckt, starr und kalt entziehe ich mich seiner Berührung. Und dann passiert das so überaus Merkwürdige. Der vielleicht Zehnjährige bleibt stehen und sagt mit ruhiger, ganz warmer Stimme: «Bonne chance.»

Hätte er nur eine Frechheit geschleudert, irgendeine Gemeinheit als Antwort auf meine Kälte. Aber er wünscht mir Glück, bestraft mich mit unwiderruflicher Wärme. Mir schwindelt, ein Würgen im Hals, eine unheimliche Scham überkommt mich. Keine zwei anderen Wörter hätten mich radikaler der eigenen Lächerlichkeit überführt. Kaum im Hotel, kehre ich um, laufe zurück, treffe andere Kinder, finde schließlich Djabi, den Kleinen, den Zerlumpten, den Nachsichtigen. Er lächelt, mir scheint, als spüre er, wie wichtig mir war, ihn wiederzufinden.

Abstecher ins zweihundertfünfzig Kilometer entfernte Yamoussoukro, Geburtsort des vor einem Jahr verstorbenen Staatschefs Félix Houphouët-Boigny. Seit 1990 ist das Dschungelnest offizielle Hauptstadt. Félix, der Glückliche – weltweit bekannt als der «Alte», der «Weise» –, hat sich hier einige seiner megalomansten Trips genehmigt. Letztes «Geschenk» an sein Volk – umgerechnet 2,83 DM Tagesverdienst pro Untertan – ist die am Urwaldrand aufgestellte «Basilique Notre Dame de la Paix». Eine gigantische Marmorwarze, riesig wie der Petersdom. Für schlanke dreihundert Millionen Dollar. «Von mir persönlich finanziert», ließ er die Welt wissen. Aus dem Afrikanischen übersetzt, heißt das, dass er es persönlich seinem Volk geklaut hat.

Für die knappe halbe Milliarde Mark kann man in diesem Land viertausend Schulen bauen. Für je fünfhundert Schüler. Das wären zwei Millionen Analphabeten weniger. Nicht bei Félix, dem Weisen. Er mag ein «Gotteshaus» lieber. Dafür, verstehe ich die rasante Logik richtig, kommen alle – allen voran die Armen im Geiste – in den Himmel.

Als ich eintrete, wird gerade die «glorreiche Himmelfahrt der Jungfrau Maria» gefeiert. Herren in gelben Sakkos mit schwarzen Fliegen und Walkie-Talkies weisen den Besuchern ihre Plätze zu. Gleichzeitig schreiten einunddreißig bombastisch verkleidete Erwachsene Richtung Altarbaldachin, der aussieht wie eine Replik der Schlafzimmereinrichtung von «Playboy»-Chef Hugh Hefner. Vier

Fernsehkameras filmen. Nach der Feier – die Unbefleckte scheint wohlbehalten gelandet – strömen wir hinaus. Über den Urwald schallt es jubilierend: «Proclamons la glorieuse ascension de la Vierge Marie.» Die geladenen Honoratioren links ab zum hochglanzpolierten Fuhrpark mit Chauffeur, die einunddreißig Hochwürden rechts zum schmucken Schlösschen, ich geradeaus zum maschinenpistolenbewachten Fußgängerausgang. Direkt dahinter liegt wieder Afrika. Schuhputzer, Kokosnussverkäufer und Bettler lungern. Auf sie wartet kein Aufstieg, versprochen, nicht im Himmel, nicht auf Erden.

Dennoch, die hier haben Glück. Zwei Autostunden weiter westlich der Kokosnüsse schwimmt eine Blutlache. Sie heißt Liberia: 112 000 Quadratkilometer, 2,5 Millionen Einwohner und seit dem 24. Dezember 89 heimgesucht von einem der gnadenlosesten Bürgerkriege in der gnadenlosen Bürgerkriegsgeschichte Afrikas.

An jenem lauen Weihnachtstag betritt ein gewisser Charles Taylor – vormals Mitglied der Regierung, später flüchtig und Zuchthäusler in den USA – das Land, um den amtierenden Staatspräsidenten und Lustmörder Samuel Doe zu verjagen. Das gelingt, acht Monate später wird Doe durchlöchert, ohrenlos und in verschieden große Einzelteile zerhackt, dem Volk vorgeführt.

Ohne Erfolg bleiben jedoch Taylors Absichten, sich auf den jetzt leergeschossenen Präsidentenstuhl zu schwingen. Andere wollen auch hinauf. (Darunter der eigentliche Henker Does: Prince Johnson.) Der Krieg geht los, jetzt flächendeckend. Jeder Clan will herrschen, keiner sich ärgern mit demokratischen Spielregeln. So übernimmt Taylor vorläufig – um sich die Wartezeit zu vertreiben – Does Zweitberuf als begnadeter Schwerverbrecher. Bis auf den heutigen Tag. Seinen simplen Namen sollte man sich notieren. Bevor ihn die Geschichte abheften wird im Schwarzbuch der Massenmörder.

Von Yamoussoukro fahre ich nach Danané, dem Grenzort. Auf der Suche nach Informationen. Die schlecht sind. Man erzählt alle denkbaren Gräuel, berichtet von der absoluten Unmöglichkeit, lebend das Land zu durchqueren. Nicht weit hinter der Grenze liegt das Hauptquartier von Taylors «National Patriotic Front of Liberia». Jeder Fremde wird als Spion, als Todfeind, behandelt.

Zurück nach Abidjan. Hier sind die Nachrichten nicht friedlicher. Die amerikanische Botschaft verteilt ein Informationsblatt, Überschrift «Liberia-Warning». Von Reisenden, verletzt oder «killed», ist die Rede. Die deutsche Botschaft hat überhaupt keinen offiziellen Standpunkt. Denn Liberia ist diplomatisch gestorben, die Vertretung dort seit langem geschlossen. Ein UNO-Mitarbeiter rät mir, einen Panzer und ein Geschwader Mig-21-Jäger zu besorgen. Dann gäbe es Chancen, unverstümmelt wieder herauszukommen.

Geradezu witzig geht es in der liberianischen Botschaft zu. Heruntergekommen wie das Land. Alle Türen offen, Sperrmüllmöbel, Dreck am Boden, eine zerschlissene Couch, an einer fleckigen Wand hängen Hinweiszettel für «I love Liberia»-T-Shirts («please contact Ricky»), irgendwo flegelt ein Security Guard und liest Zeitung. Das Witzige sind die Angestellten. Sie wollen nicht, dass ich ihr Land bereise. Aus Sorge um mein Leben. Als ich verspreche, nicht herumzuwandern, sondern direkt in die Hauptstadt Monrovia zu fliegen, geben sie nach und rücken ein Visum heraus. In der Weltrekordzeit von einer Stunde und drei Minuten.

Einen Tag später geht ein Flugzeug der Air d'Ivoire. (Eine von zwei ausländischen Fluggesellschaften, die sich noch trauen.) Der ruhige Flug dauert siebzig Minuten, dann kurzes Gleiten über eine Ruinenlandschaft, dann Landung auf der einzigen noch gebrauchsfähigen Rollbahn. Ab jetzt muss ich mich konzentrieren, darf kein falsches Wort sagen, bin nie Reporter gewesen. Im «immigration office» kontrollieren sie meinen Pass und fragen viermal, was ich hier zu suchen hätte. «Ich bin Tourist», sage ich standhaft, eingedenk, dass es kein dümmeres Wort in diesem Land gibt. Aber es klingt, bei so viel Misstrauen, noch immer am arglosesten. Zudem fehlt mir jeder offizielle Status, gehöre nicht zu den 300 UNO-Beobachtern, habe weder einen Arbeitsvertrag noch eine Einladung, bin niemandes Freund.

Doch, einen gibt es. Er heißt Moses und ist von Beruf, so stellt er sich vor, «expectator». Einer, der erwartet, ein Erwarter. Dieses englische Wort (und die dazugehörige Profession) gibt es nur in Liberia. Moses steht am anderen Ende des Flughafenschuppens und wartet. Diesmal auf mich, auf einen, den er begleiten will und beschützen. Für ein paar Dollar. Und den er – so werde ich bald erfahren – erleichtern will. Um viele, viele Dollars.

Fahrt vorbei an Sandsäcken und Soldaten. Sie gehören

zu den Einheiten der ECOMOG. Eine Föderation westafrikanischer Staaten, die August 1990 einmarschierten, um Taylor und seine Freunde und Todfeinde daran zu hindern, die liberianische Bevölkerung auszurotten. Seitdem gilt Monrovia als bedingt sicher. Trotz wiederholter Sturmangriffe vonseiten der Rebellen, die bis an die Stadtränder vordrangen und dabei schwerste Verluste erlitten. Und verursachten. Draußen in der Provinz ist es anders, dort stellt sich keiner den Schlächtern entgegen. Über ein Drittel aller Liberianer hetzte bereits ins Exil.

Moses zeigt durch die gesplitterte Windschutzscheibe des Taxis auf die Restbestände einer in die Brüche gegangenen Stadt. Erstaunlich das zusammengeschossene Außenministerium. Jetzt besetzt von Obdachlosen. Glasscheiben gibt es nicht mehr, stattdessen hängt Wäsche vor den Fenstern.

Nach Irrwegen findet sich ein bezahlbares Hotelzimmer. Umgerechnet sechzig Mark für ein Bett in einer Bruchbude. Ohne Wasser und Strom. Die monströsen Preise haben einen schlichten Grund, sie sollen mithelfen, die unaufhörlichen Renovierungskosten – Einschusslöcher, Feuersbrünste, Plünderungen – zu begleichen.

Eine verwüstete Stadt, aber schon wieder betriebsam. Eine ganze Straße voller Geldwechsler, die emsige Suche nach US-Dollars für den wertlosen Liberian Dollar. Sie kämpfen, sie wollen weiterleben. Sogar Nagellack gibt es wieder, Zeitungen erscheinen. Dünne Blätter mit dünner Druckerschwärze. Und doch erinnert jeder Blick an das, was ist. Vor der «National Bank» steht ein Schreibtisch.

Nicht zum Schreiben, zum Schießen. Ein Maschinengewehr mit langem Patronengürtel wurde darauf montiert. Damit keiner (wieder) auf die Idee kommt, hier unerlaubt Geld abzuheben.

Jede Stunde bewundere ich Moses mehr. Ich kann nicht einmal ahnen, was hinter ihm liegt. Nicht so sehr seine Worte, nicht so sehr die Beschreibungen der hundert Todesängste in lausigen Verstecken, viel berührender, viel frappanter erzählen sein Körper, seine Stimme. Den Achtzehnjährigen jagt eine Psychose. Laufend gibt er Anweisungen, wie ich mich zu verhalten habe. Nicht stehen bleiben, nicht sitzen bleiben, immer normal gehen und normal reden. Nicht flüstern, jede verdächtige Bewegung unterlassen. Nicht dorthin gehen, nicht dahin. Dort könnten wir überfallen, hier erschossen werden. Die Bilder in seinem Kopf, so scheint es, kann er nicht verscheuchen. Und dennoch, als ich ihn frage, ob er gern lebt, sagt er: «Ja, natürlich, ich atme.»

Um 19 Uhr müssen wir uns trennen, Ausgangssperre. Mein Hotelbesitzer wirft das Stromaggregat an. Seit Sommer 93 lebt das Land ohne staatliche Elektrizität. Wasser fließt noch. Das Radio verbreitet Vorsichtsmaßnahmen zur Cholerabekämpfung. Sich waschen wäre die wichtigste.

Still am Straßenrand sitzen, das geht. Keiner vertreibt mich. Die dumpfe Hitze lässt nach. Blick auf die drei bewaffneten Türwächter des Hotels. Autos und Lastwagen ziehen vorbei, voll mit Soldaten oder «Bürgerwehren». Sie patrouillieren. Der schnelle Strahl der Scheinwerfer fällt auf die Mädchen, die an den Häuserwänden lehnen.

Bald bin ich nicht mehr allein. Die hübsche Mataling schmiegt sich im Schutze der Dunkelheit an mich. «I love you», wispert sie und fährt dabei prüfend mit ihren Händen über meine Hose, will gleich wissen, wie mein Körper mit ihrer Liebeserklärung umgeht. Wir lächeln. Sie geht ein Bier holen, von einem Schwarzhändler. Die Flasche ist so billig, so teuer wie eine Frau. Wir trinken. Der Alkohol besänftigt. Wenn ich wiederkomme, will sie mich heiraten, verspricht Mataling. Weit oben ein paar Sterne, weit weg ein paar Schüsse. Monrovia at night.

Frühstück an der Bar des Hotelrestaurants. CNN-Nachrichten laufen (das staatliche Fernsehen liegt zertrümmert nieder), der Sprecher erwähnt gerade den Baseballstreik in den Staaten. Das wäre ein Verlust von 5000 Dollar. Pro Spieler, pro Tag. Das passt. Weil ein kleiner Liberianer gerade seinen zerfransten Ärmel zur Tür hereinstreckt und um fünf (liberianische) Dollar bettelt, beinahe achtzehn Pfennig.

Hinter der Tür wartet Moses bereits. Er will auch Dollar, aber die amerikanischen. Und nicht fünftausend, sondern eine halbe Million. Schon gestern fing er an mit einer phantastischen Geschichte: Sein Bruder hätte letztes Jahr aus den verkohlten Überresten einer geplünderten Bank eine Kiste herausgezogen, Inhalt: 500 000 US-$. Cash. Einziger Haken: Jeder Schein sei eingeschwärzt, als «Sicherheitsmaßnahme». Doch könne man diesen Belag abwaschen. Mit einer chemischen Flüssigkeit, die im Land unter dem Decknamen «Costafix» bekannt sei. Nichts anderes tauge. Aber die Lauge sei extrem teuer. Mindestens 20 000 Dollar wären notwendig, um alle Bündel zu reinigen. Ich solle den Kies vorstrecken, meint er. Um hinterher vierzig Prozent einzustreichen.

Die Story klang so einmalig erstunken und erlogen, dass ich zurücklog, sofort zusagte (auch zu schwach und zu neugierig war, um auf ihren Fortgang verzichten zu können). Natürlich unter der Bedingung, dass sie mir Beweise lieferten. Und deswegen steht Moses schon ungeduldig am Eingang, will mich abholen zur Verabredung mit Harris, dem Bruder und Kistenbesitzer.

Langwierige, schweißtreibende Umwege, um alle Spuren zu verwischen. Keiner soll wissen, in welche Richtung wir verschwinden. Bis wir nachmittags einen dunklen Bretterverschlag betreten. Und warten. Auf Harris, der irgendwann auftaucht, die Tür mit zwei Vorhängeschlössern zusperrt, zwei Kerzen anzündet, einen vollen Wasserkübel aufstellt, einen Packen rabenschwarzer Scheine herauszieht und ein winziges Fläschchen mit einer transparenten Flüssigkeit öffnet.

«Schau», sagt Harris, «das ist das Costafix. Die paar Tropfen allein kosten einen Hunderter.» Dann schmiert er ein. Und aus dem Papier wird auf wundersame Weise Geld, «look, green, green money». Die dunkle Schicht verschwindet. Zuletzt nachspülen mit Wasser, trocknen lassen. Mit drei chemisch gereinigten 10-Dollar-Noten kehren wir zurück ins Zentrum. Der nächstbeste Geldwechsler nimmt sie anstandslos entgegen. Moses und Harris grinsen souverän.

Schon toll inszeniert. Auch arbeitsintensiv und mit allen Ingredienzen eines profitablen Coups vorbereitet. «Costafix» ist die bravouröse Idee eines gerissenen Brüderpaars. Auch ihr erster Einfall, dass amerikanische Regierungen ihre Banknoten mit dubiosen Substanzen einschmieren, um sie zu «sichern», auch der hat Format. Besonders in einem Land wie Liberia, wo das Sichern von Bargeld zur allerersten Bürgerpflicht gehört.

So bekommen sie von mir auch ein Märchen erzählt: Dass unser Deal stehe, dass ich morgen nur noch schnell zurück nach Europa müsse, um die zwanzig Riesen abzuholen. Damit ich sie in vier Tagen ordnungsgemäß bei ihnen abliefern könne. Um dann – endlich – gemeinsam eine Nacht lang den Geldhaufen zu waschen. Dreihunderttausend für sie, zweihunderttausend für mich. Wie ich mich freue.

Am nächsten Tag muss ich tatsächlich das Land verlassen. Mein 48-Stunden-Visum läuft aus. (Nicht zu früh: eine halbe Woche später stattet Taylor der Hauptstadt einen mörderischen Besuch ab.) Moses sitzt neben mir im Taxi. Er hat größtes Interesse, dass mir nichts widerfährt. Vergeblich. Denn jetzt, an diesem Sonntagvormittag, ist Zahltag, muss ich für alle Lügen und Lügengeschichten bezahlen. An der letzten Straßensperre vor dem Flughafen sagt ein ghanaischer Soldat noch: «Bete für mich, dann kann ich nach Hause gehen.» Ein letzter Lacher. Minuten später holt eine Adrenalinkeule aus.

Erste Nachricht: Die Air-d'Ivoire-Maschine fliegt nicht, zwei Wochen lang nicht. Grund unbekannt. Zweite Nachricht, mit Kreide annonciert: Sie fliegt. Dritte Nachricht: Fliegt nicht. Aber es gäbe eine Alternative, die «Weasua

Air Transport», ein suspektes Privatunternehmen, das mit Aeroflot-Auslaufmodellen den Luftverkehr zwischen Monrovia und Abidjan organisiert. Für einen Platz müsse ich sofort zahlen. Zusätzliche 171 US-Dollar, zusätzlich zum bereits in der Côte d'Ivoire gekauften Ticket. Was ich nicht kann, nicht will.

Andere trifft es auch. Nach zehn Minuten platzt die Baracke. Aufstand der Passagiere, Schreie und Beleidigungen. Und Hiebe untereinander, um nahe genug an den Schalter heranzukommen. Gebrüll zwischen Weasua-Leuten und Air-Guinee-Angestellten, Streit um den einzig verfügbaren Schreibtisch. Gleichzeitig zerren verschiedene «security guards» an mir (Weißer!) und fragen, ob alles o.k. sei? Ich muss grundsätzlich mit «Ja» antworten, denn jedes Nein würde ihre «Hilfe» provozieren, mich umweglos in eine Situation manövrieren, aus der ich erst nach Hinterlegung eines Geldscheins wieder herausfände.

Nach eineinhalb Stunden bekomme ich einen Platz, ohne Zuschlag. Das will nichts sagen. Noch bin ich fünfzig Meter vom Flugzeug entfernt. Der Gepäckmann will fürs Einchecken des Rucksacks gesondert entlohnt werden. Als mein 100-Dollar-Schein – die zwanzig Dollar Airport-Tax sind fällig – vom Prüfgerät als Blüte zurückgewiesen wird, schnappen mich zwei Uniformierte und führen mich ab in ein fensterloses Hinterzimmer. Verhör. Woher? Wovon? Wofür? Mein Hinweis auf einen kleinen Tesastreifen am Eck der Banknote leuchtet dem Chef überraschenderweise ein. Er erklärt den Schein für echt, ich bin entlassen. Zur nächsten Runde.

Mittlerweile ist ihnen ein neuer Trick eingefallen. Der Kassierer hat plötzlich kein Wechselgeld mehr. Ich soll wohl am besten die ganzen hundert Dollar dalassen, um die Flughafensteuer zu bezahlen. Ich schicke Moses zurück in die Stadt, er soll wechseln. In der Zwischenzeit beordert mich der «immigrationofficer» in sein Dienstzimmer. Er moniert einen fehlenden Stempel, den ich mir bei der Fremdenpolizei hätte besorgen müssen. Die Situation ist umgehend klar. Ich habe keine Zeit mehr, um diesen Stempel zu bekommen. Ich bitte ihn also um ein Angebot: «How much you want?» Sorgfältig verschließt er die Tür, die aufmerksam von seinen drei Laufburschen überwacht wird: «Thirty would be fine.» In der Zwischenzeit will er meinen Pass einbehalten.

Alles drängt, erste Aufrufe, an Bord zu gehen. Moses kommt, mit achtzig Dollar. Die zwanzig, vermute ich mal, gingen als «Wechselspesen» verloren. Nun saust die Keule. Mehrmals muss ich im Laufschritt auf eine liberianische Flughafentoilette, weil das – bei angehaltenem Atem – der einzige Ort ist, um unbemerkt Geld zu verstauen und (wieder) hervorzuholen. Denn alle hundertzwanzig Sekunden stellt sich einer in den Weg, bettelt, rechnet auf, droht. Letzte Aufrufe, letzte rasende Handgriffe. Die Steuer zahlen, den Pass auslösen, den Impfschein (zum dritten Mal) vorweisen, auf den Zoll zurennen.

Wie naiv ich bin, noch immer. Als könnte ich wirklich die allerletzten Meter ungeschoren zurücklegen. Ein Soldat packt mich am Arm, will wissen, ob ich vergessen hätte, «that he did a great job for me». Die blanke Narretei, aber er hat die Macht. Unauffällig verschwindet mein vorletzter 10-Dollar-Schein in seiner Hand. Um unter seinem Begleitschutz das Flugzeug zu erreichen.

Wir fliegen. Und ein Wunder passiert. Jedes andere Wort wäre zu blass. Ein Wunder, das alles gutmacht. Auch vier Stunden auf dem Spriggs Payne Airport in Monrovia. Auch die Glut in einem lüftungsfreien Auslaufmodell. Schweißgebadet schlage ich den «New Democrat» auf, ein Lokalblatt. Und hier steht es, über die ganze Seite sechs. Hier offeriert ein Bankdirektor eine «Poetry Competition», hält sogar Geldpreise und Stipendien für die ersten zehn bereit. Das muss ein Heiliger sein. In diesem vom Krieg demolierten Land, in dem die Huren, die Krüppel und die Waisen die Mehrheit bilden, da gibt es einen Bankdirektor, der zu einem Poesie-Wettbewerb aufruft. Damit sie nicht untergeht, die Sprache, im Kugelhagel der Sprachlosen.

Siebtes Kapitel

Time waits for no man», stand auf einer Hausmauer im kaputten Monrovia. Guter Satz. Einer, der anfeuert. Und Kraft spendet. Weil er Illusionen austreibt und daran erinnert, dass keiner das Recht hat, nur einen einzigen Tag zu versäumen. So will ich glauben, dass die fünf Wörter (und die Schweizer Pharmaindustrie) dafür verantwortlich sind, dass sich nach drei Nächten das Malariafieber aus meinem Blut zurückzieht.

Zudem hilft die friedliche Umgebung. Wenn auch nur kurzfristig, so stört kein äußerer, kein innerer Aufruhr den Heilungsprozess. Zurück von Liberia nach Abidjan. Von dort weiter in funktionstüchtigen Vehikeln nach Süden, nach Ghana. Nur gebremst von Afrikas Seuche Nummer eins, den am Straßenrand lauernden Polizisten. In Uniform. Oder ohne. Dafür mit Sonnenbrille, T-Shirt und einer Ausbuchtung in der rechten Hosentasche. Ihnen die Bargeldforderungen ausreden und die eigene Unschuld und Schuldlosigkeit einreden, eine solche Begabung gehört zur Grundausstattung eines jeden Fahrers. Ohne sie strandet er rasch und pleite im Straßengraben.

Kleines, liebes Ghana. Nichts Erschütterndes, nichts hinreißend Schönes. Urwaldgrün ist es meistens, immer bargeldlos, immer lavierend, immer auf der Suche nach einem Pump. Der FMI, der Internationale Währungsfonds, borgt gern, «es ginge mächtig aufwärts hier». Solch ergreifende Blödheiten sind eine Spezialität von obskure Statistiken austüftelnden Finanzbeamten. Von der Weltbank stammt der erstaunliche Satz: «Der arme Durchschnitts-Ghanaer rutscht nicht vor seinem fünfzigsten Lebensjahr unter das Existenzminimum.»

Dringlich wäre, nur ein Beispiel, das Verlegen von ein paar zusätzlichen Telefonleitungen. Den Versuch, einen betriebsbereiten Apparat ausfindig zu machen, breche ich nach hundertneunzig Minuten ab. Nach solchen Erfahrungen erinnert man sich wieder an die Tatsache, dass es in Tokio mehr Telefonanschlüsse gibt als in ganz Schwarzafrika.

In der Hauptstadt Accra finde ich Jerry, den Parkplatzwächter. Er spart auf eine Doppelflinte. Bis dahin, in drei Jahren, sitzt er im Eck und beaufsichtigt mit Pfeil und Bogen den Hinterhof. Die Spitzen mit Widerhaken hat er selber gebastelt. Ein Blick genügt, und jeder will lieber erschossen werden als mit Jerrys rostigem Nagel im Hals verbluten.

Die lässigen Einwohner, nicht lästig, nicht aufdringlich. Den Weißen nehmen sie nicht wichtig, gehen selbstbewusst an ihm vorbei. Das gefällt mir sehr. Sie sind stolz und auf eine coole Art unabhängig. Nur die Taxifahrer zielen nach mir. Schwarze Wucherer. Kaum sehen sie meine Hautfarbe, bin ich Opfer einer explosionsartigen Inflationsrate. Fünfhundert Prozent in fünf Sekunden. Die Rache für alle Schandtaten meiner Rasse.

Wer Afrika durchquert, sollte jeden Morgen Radio hören. Seit dem ersten Tag gehört das zu meinem Pflichtprogramm. Um die Fahrtroute neu festzulegen. Um auf dem

Laufenden zu sein, um zu wissen, welcher Ausgang momentan verbarrikadiert, welcher Flughafen geschlossen ist, wo gerade die einzige Brücke weggeschwemmt wurde, wer wen gestern Abend aus seinem Präsidentenbett geschossen hat. Doch als ich mittags in Aflao ankomme, genau zweihundert Kilometer südlich von Accra, muss ich etwas überhört haben. Denn die Grenze hier ist dicht. Drüben auf der togolesischen Seite.

Wegen der «Terroristen», die Anfang 93 nach Ghana verjagt wurden. Seitdem drohen sie, zurückzukehren und Staatschef Eyadéma – bald dreißig Jahre in verbrecherischen Amt und Würden – mit der Aussicht auf Demokratie zu terrorisieren. Dass die frühere Kolonialmacht Frankreich ihn seit langem – wie alle anderen frankophonen Halunken Westafrikas, wenn sie nur «Stabilität» garantieren – vor dem Ausbruch der Demokratie beschützt, ist keine Nachricht, sondern ein uralter Hut. Ende August 93 wurde Eyadéma durch ordinären Wahlbetrug mit 96,4 Prozent Jastimmen als Staatsoberhaupt «bestätigt».

Die Details sind überaus kompliziert, das Problem so banal. Einer (hier ist es Eyadéma) und seine Brüder und Schwestern und alle die Freunde der Brüder und Schwestern wollen alles behalten. Die Macht, das Machtgefühl, die Geldsäcke, die Mercedesschlüssel, den Code zum Tresor der Nationalbank, die sensationelle Freiheit, alles das zu tun, was dem weiteren Ausbau ihres fettsüchtigen, menschenverachtenden Egos förderlich ist. Und irgendwann wollen die Verachteten das nicht mehr. Es knallt.

Die Malaria hat sich verzogen, meine Schonzeit ist vorbei, ich bin fällig für eine neue Aufregung. Hier, in Aflao, kommt sie. Die Grenze ist zu, aber offen. In Afrika funktioniert ein solcher Satz. Zu für die Bargeldlosen, offen für die Bargeldbesitzer.

Der junge Jeromy fängt mich ab, bietet mir an, mich schwarz hinüberzubringen. Gegen ein Entgelt von 9000 Cedi, umgerechnet hundertfünfzig Mark. Kaum haben wir uns auf ein Fünftel – einen hiesigen Wochenverdienst – geeinigt, taucht sein Spezi auf, Obed, der Hilfsschlepper. Zu dritt verlassen wir das Zollgebäude und marschieren los. Langer Fußmarsch zurück durch Aflao, mit Umwegen. Hier liegt irgendwo der Hintereingang von Togo.

Eine knappe Stunde müssen wir wandern, und so ist genug Zeit für die beiden, sich gegenseitig anzubrüllen. Weil sie sich nicht einigen können, wer welchen Anteil einstreicht. Ihr Geifer klingt verlockend. Weitere sechs Burschen schließen sich uns an. In Windeseile haben sie mich als die heutige Schlachtsau identifiziert, sie wollen mitschleppen.

Am Dorfrand wird es für Augenblicke ruhiger. Unter einem dicken Baum sitzen zwei Dicke, die ghanaischen Hintertürzöllner. Jeromy flüstert ihnen ein paar Worte zu, die beiden nicken nur und strecken die Hand aus, um mein Wegegeld zu kassieren. Drei Büsche weiter – dazwischen liegt die Grenze – dösen drei togolesische Soldaten neben einer Munitionskiste. Wieder Flüstern. Diesmal auf Französisch. Diskret nehmen auch sie die mitgebrachten Geschenke entgegen, werfen verschlafen einen Blick in meinen Pass. Es gibt wahrscheinlich nicht viele Dokumente auf der Welt, die sie weniger interessieren. Sie nicken, ich bin entlassen, wir sind in Togo. Fast.

Hinter dem nächsten Hauseck schreien sie wieder, aber jetzt zu acht. Obwohl ich längst entlohnt habe, wird nun nachgepokert. Mein Hinweis, dass ich sogar – gegen unsere Abmachung – die Schmiergelder an die Grenzer gezahlt habe, gilt nicht. Ein Aufschlag wäre fällig. Ihre Wut riecht bedrohlich, besonders Jeromy und Obed zeigen puren Hass. Sie zerren an meinem Rucksack, schütteln mich, vermuten wohl, dass irgendwo ein paar Münzen herausfallen. Sie sind dicht davor zu platzen. Ein halbes Atü fehlt, und sie prügeln los.

Wieder habe ich Glück. Das dritte Mal auf dieser Reise, dass ein Taxifahrer mir aus der Bredouille hilft. Joseph, der Togolese, erfasst sofort die Situation (wahrscheinlich bin ich nicht der Erste, der hier unter die Räder kommt), braust heran, reißt die Tür auf, zerrt mich hinein, startet durch.

Nach den ersten hundert Meter Vollgas fällt mir ein, dass ich keinen Einreisestempel habe. Was augenblicklich kein Problem wäre. Bei der Ausreise aber dazu werden könnte, zu einem sündteuren. Rein zufälligerweise – in solchen Momenten liebe ich Afrika über alles – ist der örtliche Polizeiinspektor «le grand ami» von Joseph. Für einen kleinen Unkostenbeitrag würde er sicher nachstempeln. Wir fahren zum großen Freund. Bevor Joseph aussteigt, fällt ihm noch ein, dass der kleine Unkostenbeitrag vielleicht doch zu klein sei. Er schlägt eine Verdoppelung vor. Die ist noch immer fair, d'accord.

Gutes widerfährt mir. Während der Taxifahrer und der

Polizeiinspektor sich gerade mein Stempelgeld teilen, sitze ich allein im Auto und warte. Nicht lange. Das Viertel ist belebt, nur zehn Minuten vom Zentrum Lomés, der Hauptstadt, entfernt. Drei gerade unbeschäftigte Damen nähern sich, umstellen den Wagen. Heitere Damen. Sie kämen aus Ghana, verkünden sie strahlend. Und greifen – wie zur Demonstration der guten Adresse – durch die beiden vorderen Fenster nach einem meiner empfindlichsten Gliedmaßen. Um jenes, so grinsen sie verschmitzt, wollten sie sich kümmern. Zwanzig Meter weiter vorne, im Hotel «Lilly».

Eine Kostprobe will das Trio gleich an Ort und Stelle liefern. Kein Wunder, wenn sie in dieser Gegend nicht Gonorrhö, sondern «Ghanarrhö» sagen. Und die drei sind kräftig und entschlossen. Und blank. Wieder kommt Joseph zur rechten Zeit. Mit Pass und Stempel. Wenn ich bedenke, was er mir alles rettete, so sind seine Preise ein Renner.

Ein sauberes Hotelzimmer findet sich. Die Tür ist abschließbar. Vier stille Wände stehen um mich herum, ich bin allein, ich bin glücklich. Ich denke an Jeromy und Obed. In ihrer Lage wäre ich bösartiger als die beiden zusammen.

Togo im Abstieg. Das kleine Land – auch mal erbeutet vom deutschen Kaiser – kam die letzten Jahre wieder in die Schlagzeilen. Als Minusposten. Studenten protestierten, ein neunmonatiger Generalstreik brach aus, die Wirtschaft sackte, sackt weiter, die Armee schießt jedem hinterher, der zu laut das Wort Demokratie ausspricht. Zweihunderttausend Einwohner – von 3,9 Millionen – haben das Land bereits verlassen.

Lomé zeigt zwei Gesichter. Ab sieben Uhr abends das

dunkle, das hässliche. Die Hauptstadt als Friedhof. Keine Lichter auf der Straße. Nur die Schemen betrunkener Soldaten. Straßenkontrollen. Das Wissen um die Gewalt, die heimlichen Morde. Tagsüber das helle, das hübsche. Das Meer, der Wind, die bunte Betriebsamkeit der Togolesen, die beschlossen haben, nicht aufzugeben.

In diese Stadt zu kommen verschafft Freude. Und wäre es nur, weil Kofi dort lebt. Er zieht elegant den Hut und stellt sich als «explicateur» vor, als Erklärer. Und was erklärt er? Er lädt mich auf sein Moped und bringt mich zum «marché des féticheurs».

Ein Karree, an drei Seiten Holzhütten, die Fläche dazwischen bedeckt mit Tausenden von Skelettschädeln, Knochen, Schwänzen und ausgestopften Tieren. Ziegen, Wölfe, Frösche, Eulen, Chamäleons, Schlangen, Katzen und Nashörner. «Schwarze und weiße Magie, die böse und die gute, hier haben sie alles», flüstert Kofi ergriffen. Er weiß, wie solch magische Töne dem ahnungslosen Europäer imponieren. Kofi deutet auf eine der Hütten. «Grace à dieu», sagt er, «le grand féticheur et l'ingenieur des forces voodoos africains Frédérique est là.» Die beiden sind ein pfiffiges Gespann. Einer treibt die Kundschaft rein, der andere vernebelt, produziert den phantastischen Hokuspokus.

Zur Begrüßung bimmelt Frédérique mit zwölf Glocken und wünscht mir Glück und Segen. «Was ist dein Problem?», fragt er teilnahmsvoll. Ich darf ihn jetzt nicht enttäuschen. Jeder, der hier vorbeikommt, muss ein Problem haben. Dass mir die nigerianische Botschaft kein Visum ausstellen will, scheint reichlich banal. Ich brauche ein anderes Problem, ein höchst menschliches, ein ganz geheimnisvolles. Ich weiß, sehr sauber ist das nicht. Aber die Versuchung drängt zu stark, um auf einen Frédérique in Hochform verzichten zu können. Also erzähle ich ihm von «Elly», meiner Freundin, die, sagen wir mal, erotisch noch nicht voll erwacht sei und Hilfe benötige, um völlig aufzuwachen.

So geschraubt rede ich. Aber der Voodoo-Ingenieur versteht sogleich, Ellys Sperren scheinen ein international geläufiger Defekt. Die Frage, ob da überhaupt was zu machen sei, versteht Frédérique schon fast als Beleidigung. Natürlich wird er sie kurieren. Und er legt los: Noch heute Abend werde er verschiedene Kräuter im nahen «forêt sacré» rupfen, dem für «Uneingeweihte» verbotenen Wald. Hinterher, Schlag Mitternacht, ein paar Gramm Katzenhirnbrei anmischen und das Ganze in einem genau festgelegten Rhythmus verrühren. Zum Einnehmen, auf einen Schlag. Dann sieben Tage warten, Zeit genug, um «herauszufinden, ob es bei Elly anschlägt».

Als flankierende Maßnahme zum Hirnkatzenkräuterbrei empfehlen die zwei noch den Erwerb eines mehrteiligen «Sets», umgehend lieferbar. Teil eins: «Le téléphone fétiche», ein Stückchen Holz mit kleinem Loch, in das die Patientin ihre guten Wünsche hineinspricht. Sind sie drinnen, umgehend mit dem mitgelieferten Bolzen verschließen. Teil zwei: «La pierre magique», ein Heilstein, aufzulegen auf Ellys eingeschlafenen Körperteil. Und Teil drei: «Le gardien», ein daumengroßes Männchen aus Lehm. Ellys Beschützer. Jeder Unbefugte, der sich während ihrer strengen Diät an sie ranmacht, wird von dem Golem hypnotisiert.

Bis der Unhold wie toll im Kreis rennt und die Polizei ihn abholt.

Frédérique muss ich um Bedenkzeit bitten, bremsen, damit er nicht sofort nach den Kräutern rennt. Außerdem, Elly müsse auch noch zustimmen. Und mein Bankdirektor. Um die exorbitanten Kosten der überirdischen Rosskur vorzufinanzieren. Als mich Kofi wieder in der Stadt ablädt, entlohne ich ihn reichlich. Das schon. Denn tolle Geschichten haben ihren Preis.

Noch in derselben Nacht muss ich zahlen, wortwörtlich. Büßen für den Übermut. Afrika hat nichts zu verschenken. Wer es erleben will, muss etwas hergeben. Nur so wäre mein plötzlicher Leichtsinn zu erklären. Und diesmal bin ich allein, kein Taxifahrer prescht vor und macht meine Fehler wett.

Einige Minuten nach 23 Uhr verlasse ich die «Mini-Brasserie», eines der wenigen offenen Lokale. Von hier bis zu meinem Hotel sind es knapp fünfhundert Meter. Finster, still, leer. Wie immer schleiche ich die Mitte der Straße entlang. Sollte mich jemand angreifen wollen, ich hätte noch immer ein paar Schritte Zeit zu reagieren. Aber niemand greift an, ich selbst gehe auf meinen Täter zu.

Kurz vor der Ecke an der Rue du Commerce ruft mich jemand an. Freundlich, sacht, ja – hinterher weiß ich das richtige Wort – lockend. Der Mond scheint. Ich erkenne neben der nächsten Hausmauer einen breiten Schatten. Der streckt die Hand aus und sagt den einfältigsten Satz der modernen Kriminalgeschichte: «Guten Abend. Sag mal, kennen wir uns nicht?» Und etwas Unfassbares passiert.

Anstatt mit Höchstgeschwindigkeit in Richtung Hotel los-
zupreschen, gehe ich auf ihn zu.

Einer, der immer glaubte, über alle afrikanischen Drehs
und Finten Bescheid zu wissen, bekommt jetzt eine Lektion
erteilt. Eine schmerzhafte. Wie hypnotisiert – eine andere
Rechtfertigung halte ich nicht aus –, schalte ich alle Alarm-
sirenen ab und will wissen, ob wir uns kennen. Der Schatten und ich.

Die ersten dreißig Sekunden gehen noch gut. Der mäch-
tige Kerl nimmt die ihm angebotene Hand und sagt heiter:
«Klar kennen wir uns, ich bin's, Jean-Michel.» Ein Ton, der
nun völlig entwaffnet. Der Typ kennt sich aus. Mit den be-
scheidensten Mitteln legt er meinen Verstand lahm. Und
dessen Schrei, dessen Warnschrei, dass ich auf diesem
Erdteil keinen einzigen Mann mit einem solchen Namen
kenne, er kommt zu spät.

Blitzschnell lässt Jean-Michel meine Hand fallen und
stürzt mit zehn rabiaten Fingern auf meinen Hals, schraubt
zu, zischelt hungrig: «Rück dein Geld raus.» Würde ich das
tun, müsste ich morgen bei der deutschen Botschaft um ein
Rückflugticket betteln. Ich trage alles bei mir. Das Hotel
ist viel zu billig, um irgendwelche Wertgegenstände dort
deponieren zu können.

Der Schraubstock an meinem Hals eliminiert jeden
Übermut. Die Luft wird knapp, ich muss handeln. Aus
der rechten Seitentasche – das große Geld ist woanders
versteckt – ziehe ich langsam zwei Scheine. Was folgt, geschieht rasend schnell. Weil jetzt Jean-Michel, der Verführer und Straßenräuber, seinen ersten und letzten Fehler

begeht. Die Geldgier lässt ihn nach der Beute schnappen, er löst eine Hand, ich schlage mit meinen Fäusten gegen seine Halsschlagader, er taumelt für Sekundenbruchteile, greift nochmals nach mir, erwischt mich erneut. Aber sein Griff ist nicht mehr so stählern. Ich kann mich losreißen und in persönlicher Rekordzeit die Rue du Commerce runterhetzen. Sein Atem und die hinterhergeschleuderten Flüche begleiten mich bis kurz vor das Hotel. Nur dreißig Meter davor dreht er ab. Erst jetzt fühle ich den Schock.

In dieser Nacht – und in anderen – muss ich weiterbüßen. Nicht wegen der Würgemale. Die verblassen bald. Nicht weil Geld verlorenging. Der Betrag war gering. Ich büße, indem die Szene sich wiederholt. In meinem Kopf. Anfälle von Schmach und Ohnmacht. Die Erinnerung an die eigene, lebensbedrohende Ignoranz. Gewaltphantasien. Das Wiederaufsetzen der Hasskappe, die Flucht in den schwärzesten Rassismus. Die böse Sucht nach Rache, die Erfahrung, dass ein Angriff auf den Körper – so ein letztes souveränes Territorium – nicht spurlos vorübergeht. Dass Narben sich bilden, im Hirn, im Bauch. Und dass ich nun fürchten muss, dass mir jetzt alle Freundlichkeit abhandenkommt und ich beleidigt und kalt das Land verlasse.

In diesen Tagen denke ich oft an Amara, einen dreiundzwanzigjährigen Jungen, den ich in Adjamé, einem der Armenviertel von Abidjan, traf. Neben dem Wohnschuppen seiner Eltern lag die Müllkippe. Dreckiger Rauch zog vorbei. Amaras Alltag war trist, wie für so viele seiner Generation. Was ihn unterschied, waren die Worte, mit denen er von sich redete: «Ich bin jung, ich habe Kraft und Verstand. Aber ich habe keine Arbeit und keine Würde.»

Dass einer wie Amara enden könnte wie Jean-Michel, irgendwann zuschlagend, weil man ihm keine Würde lässt und er leben will und nicht verrecken, eine solche Erkenntnis – das Herstellen eines so einfachen Zusammenhangs – hilft, immer wieder, um während der anstrengendsten Stunden in Afrika nicht zynisch, nicht höhnisch zu werden.

Ich regeneriere. Nicht nur der Satz von Amara beschwichtigt. Auch andere Männer und Frauen tun und sagen Dinge, die korrigieren, mehr noch: die wieder anstiften zum Leichtsinn und wieder anfachen die Begeisterung für diesen Kontinent. Ich treffe die Familie Kleinichen. Sie leiten das «Foyer des Marins», das Seemannsheim, in Lomé. Einladung zum Essen und Trinken. Wie Jobst von allen dunklen Flecken Afrikas weiß und sich dennoch nie seine Liebe ausreden lässt. Geht es ihm schlecht, dann denkt er an seine Heimat, an Deutschland. Die Kälte dort, sagt er, die innen und die außen, für die tauge er heute nicht mehr, in die könne er nicht mehr zurück. Zu verwöhnt sei er bereits von der Hitze und der Wärme, die er hier spüre.

Die guten Nachrichten häufen sich. Nach einer Woche Bedenkzeit, einem «presentation letter» und etwas Extrageld überredet sich die nigerianische Botschaft, mir ein Visum auszustellen. Nachdem ich in drei anderen Hauptstädten – ohne Angabe von Gründen – abgeschmettert wurde, ist das ein Erfolg. Lustig auch: Als spektakulärer Blickfang stand dort ein Glasschrank, in dem Lipton-Teebeutel, Büchsenmargarine und Zahnbürsten auslagen. Wahrscheinlich hat der dritte Botschaftssekretär einen «grand frère», der in der Nachbarschaft als Drogist arbeitet.

Nur ein Problem muss noch gelöst werden, bevor ich Lomé verlassen kann. Ein ganz menschliches, unblutiges, aber schwerwiegendes. Eine Dicke will in unser «taxibrousse» hinein. Aber sie ist zu sperrig, zu voluminös für jede Autotür. So steigen wir wieder aus, um nachzuhelfen. Himmlisches Afrika. Drei Männer nähern sich vom Fahrersitz aus, sie zerren, an den Armen. Drei stehen draußen, sie schieben, den Hintern. Mit zweifelhaftem Erfolg. Denn irgendwo zwischen Hüfte und Bauch bleibt das Schwergewicht endgültig hängen. Jetzt tut es weh. Weil sie so nicht transportfähig ist, muss sie zurück auf den Parkplatz. Jetzt ziehen wir zu sechst an ihren Beinen. Unter dem freudegrunzenden Gewieher aller Beteiligten landet sie im Freien. Die Dicke hat Humor. Sie lacht mit. Nachdem sie einigermaßen verkehrssicher auf der Ladefläche eines Kombis verstaut wurde, dürfen wir los.

Strecke, Wagen, Grenze, die ganzen hundertsiebzig Kilometer ohne jede Reklamation. Im schmalen Benin – einst berühmt als Sklavenbörse für weiße Grossisten und schwarze Ware – hat sich nicht viel geändert. Nicht die Sprache – französisch, nicht das Geld – CFA-Francs, nicht die Not – afrikanisch. Nur politisch punktet es. Vor vier Jahren wurde eine schüchterne Demokratie geboren. Und sie scheint, wenn auch mit zeitweiliger Atemnot, durchzuhalten. Staatschef Soglo gilt als solide. Gemessen an den trüben Figuren, an der Spitze aller umliegenden Nachbarstaaten, ein Leuchtstreifen.

In Cotonou, der größten Stadt des Landes, habe ich noch einen Tag und eine Nacht. Vierzig Kilometer weiter beginnt das riesige Nigeria. In einer Limonadenbude treffe ich Sissou, einen pensionierten Lehrer. Ich darf mich nicht setzen, ohne eine Einladung zu einem «rafraîchissement», einer Erfrischung, anzunehmen. Sissou will mich bekehren, aber behutsam und voller Verständnis für bornierte Gottlose. Der Allmächtige ist für ihn der «ordonnateur», der Befehlsgeber. Der Alte, ganz ernst: «So sagt er beispielsweise zum Wind: «Vent, tu souffle.»» Wind, du bläst jetzt.

Als ich am nächsten Morgen den Grenzübergang erreiche, fallen mir sogleich all diejenigen ein, die mich gewarnt hatten. Der erste Anblick dieses Landes gibt ihnen Recht. Nur nicht Sissou. Denn nicht der liebe Gott lässt hier den Wind blasen, es ist der Teufel.

Achtes Kapitel

Afrika ist launisch. Einst, so schrieb irgendwer, sei es hier «casual and friendly» zugegangen. Aber nachlässig und freundlich war Afrika vielleicht gestern. Als ein anderer Weißer hier ankam und an nigerianischen Zollbeamten vorbeimusste. Vielleicht ist übermorgen wieder alles so wie einst. You never know. Ich hatte selten Glück mit dem Timing. Als ich meinen Pass herausziehe, sind sie hier gerade penibel und bösartig. Ähnlich diesem Grenzübergang zwischen Benin und Nigeria könnte eine der vielen Pforten zur Hölle aussehen. Der ehemalige amerikanische Präsidentschaftskandidat Jesse Jackson beschrieb, nachdem er hier gewesen war, die Situation ebenso treffend wie sarkastisch: «Kommt es hier zum Bürgerkrieg, dann war das, was in Ruanda stattfand, eine Gartenparty.»

Ein riesiges Areal. Mittendrin das Zollgebäude, umzingelt von Lastwagen und Autos. Dreihundert Motoren laufen, die dreckige Erde, der dreckige Himmel. Das Geschrei der Fahrer und das Gebrüll von feisten Weibern und feisten Kerlen, die, mit Ruten, Pistolen und ihrer Uniform bewaffnet, nach Beute suchen. Jeder, der raus- oder reinwill, muss nachzahlen. Ganz gleich, ob seine Papiere in Ordnung sind oder nicht. Zahltag ist immer. Als sie mich entdecken, huscht ein Lächeln über ihre gierigen Gesichter. «Come», sagen sie, und ich weiß, was es geschlagen hat.

Aber siebenmal habe ich Glück. Komme mit der Übergabe eines Geldscheins davon, kann erfolgreich meine Story verkaufen und eine lange Narbe am linken Unterarm vorzeigen, jeden mit dramatischem Tonfall davon überzeugen, dass mir nach drei Überfällen in Afrika nichts mehr geblieben sei. Nur noch der Weg zur deutschen Botschaft in Lagos, um einen Kredit für ein Flugticket nach Frankfurt aufzunehmen.

Bis Sergeant Chinua ein Auge auf mich wirft. «Come», sagt auch er. Aber diesmal gehen wir nicht hinter einen nächsten Laster, sondern zurück zur Hauptbaracke, wo er mich in einen kleinen Raum führt. Und ihn sorgfältig versperrt. Wir sind allein, mühselig beherrscht züngelt er: «Deklarieren Sie Ihr gesamtes Geld, bevor ich Sie durchsuche. Finde ich etwas, werde ich es behalten.»

Ein gewiefter Bursche. Jeden Ausweg hat er verstopft. Er weiß genau, dass eine offizielle «ehrliche» Devisenerklärung den finanziellen Ruin bedeuten würde. Weil sich jeder hier sofort an Geld vergreift, sobald er davon erführe. Und wir beide wissen, dass er all meine Reserven finden wird. Und wären sie noch so clever versteckt. In diesem Zimmer hat er die Zeit und die Geduld, um die gesamte Beute ausfindig zu machen. So spiele ich den Einsichtigen und öffne, ohne zu zögern, eines der zwei in die Hose eingenähten Geheimfächer. Er soll glauben, das wäre alles. Das funktioniert, hypnotisiert starrt er auf das herausgezogene Bündel.

Seine Raffsucht macht ihn blöde. Ein sagenhaftes Glück beschützt mich. Der Packen besteht aus französischen

Francs, deutschen Scheinen und 45 US-Dollar. Die konfisziert er sofort, die kennt er, die bringen am meisten auf dem Schwarzmarkt. Die 7000 Francs kennt er nicht, hält sie für dubioses, wertloses Money, rührt sie nicht an. Und bei den Deutschmark – zwölf Blaue – kann ich ihn mit einem Hunderter abspeisen. Der Hinweis, dass es sich um billiges Kommunistengeld aus der einstigen DDR handelt, stimmt ihn nachdenklich. Ich darf mich anziehen.

Vor der Tür wartet ein anderer Ganove auf mich, will mich zurückdrängen in die stickige Bude, um seinen Anteil nicht zu versäumen. Aber Chinua, offenbar sein Vorgesetzter, nickt ihm kurz zu, Subtext: «Lass ihn, habe ihn soeben geschröpft.»

Die nächsten dreißig Meter zu meinem Sammeltaxi bringe ich störungsfrei hinter mich. Danach sind es noch 95 Kilometer nach Lagos. Und an die will ich mich erinnern bis ans Ende meiner Tage.

Was verfinstert dieses Land? Afrikaner sagen, wenn zwei Elefanten kämpfen, leidet das Gras. Das Gras sind im Augenblick die neunzig (hundert?) Millionen Nigerianer, und die Elefanten heißen Sani Abacha und Moshood Abiola. Der eine, der General, sitzt auf dem Präsidentensessel, der andere, der Geschäftsmann, auf einer Gefängnispritsche. Abacha gehört in die lange Reihe der bis unter die Zehennägel korrupten Staatschefs, die das fast eine Million Quadratkilometer weite, rohstoffreiche, von einer Ölflut überlaufende Riesenland seit fünfunddreißig Jahren, seit der Unabhängigkeit von England, in den wirtschaftlichen und politischen Ruin manövrierten.

Abiola, der Zivilist, gewann im Juni 93 die letzten Wahlen. Um das – den Anfang einer Ahnung von Demokratie – zu verhindern, wurden die Ergebnisse von den damaligen Militärs «annulliert». Abiola hielt still. Um sich genau ein Jahr später, am 12. Juni 1994, zum rechtmäßigen Präsidenten auszurufen. Nicht ungestraft. Kurz darauf sitzt er. Auf Demokratie steht hier Zuchthaus. Inzwischen hat der General auch eine Reihe Gewerkschafter verhaften lassen. Die Ölarbeiter legten die Arbeit nieder, wollten Abiola freistreiken. Der Riese Nigeria lahmt, es riecht nach Unheil.

Dass die beiden Kontrahenten zwei verschiedenen Stämmen, den Hausa und Yoruba, angehören, verschärft die Lage. Der «Biafra-Krieg» von 1967 war der 1,2 Millionen Tote teure und vergebliche Versuch des dritten großen Stammes, der Ibo, sich von der Republik abzuspalten.

Laut letztem Bericht von Amnesty International halten die Schlächter von heute die elendsten Rekorde. «Standrechtliche Erschießungen, willkürliche Festnahmen, Repression», sie boomen. Die Voraussetzungen für ein frisches Blutbad sind nicht schlecht.

Deshalb ist hier momentan keiner «casual and friendly». Und deshalb gehören die vier Stunden Autofahrt von der Grenze zur Business-Hauptstadt Lagos zu den adrenalinintensivsten meiner Reise. Als ich das «taxi-brousse» erreiche, sind die dreißig Meter Freiheit vorbei. Die ersten drei von vielleicht dreihundert paramilitärischen Strauchdieben stehen im Weg und fordern: «Show us your money declaration.» Dann durchstöbern sie den Rucksack, blättern jedes Blatt um, vermuten hinter jeder Seite eine Dollarnote. Dass jemand freiwillig dieses Land betritt, klingt in ihren Ohren aberwitzig und absurd. Wütend bellen sie: «You must have a mission. Tell us, what is your mission.» Da kein Corps-Diplomatique-Kennzeichen über der Stoßstange des ramponierten Peugeot klebt, bleibt mir nur eine Mission, die des Spions.

Irgendwann – nach Begleichung des Wegegelds – geben sie die Straße frei. Damit uns zwanzig Sekunden später die nächsten Söldner der Abacha-Soldateska abbremsen. Die Narretei wiederholt sich: «Get out, white man! Follow me!» Und ich muss die Böschung hinunter in eine kleine Hütte. Wieder die Wäsche auf den Boden werfen, wieder der bedrohliche Ruf nach Devisenerklärung und Schmiergeld.

Das sadistische Spiel spielen sie achtunddreißigmal entlang des vierspurigen Highways. Mit Variationen und Höhepunkten. Einer lässt mich laufen. Unser kurzer Wortwechsel erinnert an einen Dialog aus dem Irrenhaus:

– Wer hat Ihr Geld gestohlen?

– Ein Zöllner.

– Wo?

– Hier an der Grenze.

– Hier an der Grenze? Unglaublich, wir müssen ihn sofort unschädlich machen.

Einer pfändet meinen Pass, erklärt mein Visum von der nigerianischen Botschaft in Lomé für ungesetzlich, verhaftet mich kurzfristig. Dass ich um keine Einreiseerlaubnis in Deutschland gebeten hätte, sei «äußerst verdächtig». Aber es kommt noch blöder. Er entdeckt die beiden Wörter «single journey» im Visum. «Single journey? Also kannst du nur nach Lagos reisen und musst heute noch das Land verlassen! Aber heute fliegt kein Flugzeug mehr, also bist du schon illegal.» Ich bin so lange ungesetzlich, bis ich finanziell nachlege. Und nachlege und nachlege. So lange nachlege, bis er meinen Aufenthalt für gesetzlich erklärt.

Ein dritter findet meinen Plastikumhang. Weil es in genau diesem Moment nicht regnet, ist ein Regenmantel höchst dubios. Nur Leute «with a mission» besäßen ein solches Kleidungsstück. Polizeiwagen mit der Aufschrift «Anticrime Patrol» patrouillieren. Die Wirklichkeit ist dreimal irrsinniger als jede Erfindung.

Einige strecken ihre alkoholblauen Visagen durchs rechte Wagenfenster und deponieren die Spitze ihrer Secondhand-Karabiner irgendwo in der Nähe meiner beiden Nasenlöcher. Sie hätten gern gewusst, ob ich nicht ein paar «Geschenke» an sie verteilen möchte. Wer möchte das nicht.

Einmal gehen mir die in Benin getauschten Nairascheine aus. Ich greife – zwischen zwei Barrikaden – ins andere Geheimfach, um Nachschub zu holen. Zu spät, um den Rest wieder rechtzeitig zu verstauen. Während der nächsten Kontrolle schwitzt mein Vermögen in meiner linken Hand. Das Herz, denke ich, wird mich verraten, so rekordsüchtig hämmert es los. Doch keiner hört hin, wir passieren. Wer den Stress nicht mindert, ist Frédérique, der giftige Taxifahrer. Wegen mir, so schreit er zu Recht und immer wieder, kämen er und die sechs anderen (schwarzen) Passagiere nicht vom Fleck. (Die alle keine Papiere haben, aber nur ein einziges Mal, bescheiden, zur Kasse gebeten wurden.) Zweimal wirft er meinen Rucksack in den Straßengraben, droht, ohne mich weiterzufahren. Erst das hitzig zugeflüsterte Versprechen einer drastischen Nachzahlung bei Erreichen des Zielorts stimmt ihn um.

Und der Alte schafft es. Als wir nach viereinhalb Stunden die Stadtgrenze von Lagos – «Jesus is fun» steht auf einem Poster – überfahren, sind wir ganz still vor Glück. Mir scheint, als reuten Frédérique seine Ausfälle. Wohl auch, weil die anderen Fahrgäste nie murrten, nie Druck auf mich ausübten. Sein «merci» für den versprochenen Nachschlag klingt wie eine leise Entschuldigung.

Mit Joe, einem hiesigen Taxifahrer, suche ich die deutsche Botschaft. Dafür müssen wir die bedrohlichste, die am rapidesten im Dreck versinkende Stadt Afrikas durchqueren. Die nach Urin stinkende Luftfeuchtigkeit. Vorbei an den seit Tagen umlagerten Tankstellen. Autofahrer im Land des Ölriesen Nigeria im Kampf um einen Kanister Benzin. Zwischen den Zapfsäulen die Rauchschwaden. Links und rechts der Straße brennen gigantische, hundert, zweihundert Meter langgestreckte Müllberge. Zwischen dem Kehricht der sechs?, der acht?, der zehn? – who cares? – Millionen Einwohner, behauptet Joe, lägen Leichen. Mordopfer, die sich nirgends unauffälliger deponieren ließen als hier.

Nach dem Feuer kommt das Wasser. Schlaglöcher als Jauchegruben. Wildschweine planschen, suhlen sich selig. Ihre Freude ist meine Angst. Sobald Joe auf Schritttempo drosseln muss, sprinten zwei, drei Burschen («area boys») auf den Wagen zu, reißen an den Türgriffen, schlagen mit den Fäusten gegen die Fenster. Ihre friedlosen Augen und ihre hungrigen Münder fordern Geld. Den Rest der Fahrt lege ich mich quer, verstecke meine weiße Haut.

In der Botschaft muss ich umdenken. Was abzusehen war. Nigeria ist eine Sackgasse. Was ich höre, klingt ungut. Und diesmal will ich hinhören. Dreimal während dieser Reise habe ich die Warnungen der Diplomaten vergessen und bin in Gegenden gefahren, wo einer Glück braucht, um vollständig am andern Ende wieder herauszukommen.

Hinter Lagos, im Südwesten Nigerias, werde ich als unbewaffneter Geldbesitzer kein Glück haben. Und ich will das Konto meiner Chancen nicht überziehen. Rivalisierende Banden überwachen die Verkehrswege. Militärs und Polizisten helfen dabei. Sie nehmen und töten. Die Strecke von Benin hierher ist eine vielbefahrene, internationale Autobahn. Da killen sie noch nicht. Erst letzte Woche wurde der panzerplattendicke Mercedes des deutschen Botschafters auf dem Weg vom Flughafen ins Zentrum mehrmals gerammt. Er entkam. Ich sicher nicht. Mir fehlen die Panzerplatten, der Bodyguard und das Autotelefon, um nach Verstärkung zu rufen. Kein Diplomat, so Karl A. Koehler, zweiter Mann an der deutschen Vertretung, fährt zurzeit mit dem Wagen ins Landesinnere.

Ich könnte davonfliegen, wie vorher in Notfällen. Aber spätestens in Kamerun bliebe ich stecken. Die Wartezeit für ein Visum ins Nachbarland Gabun dauert zwischen drei Wochen und drei Monate. Die ich nicht mehr habe. Staatsoberhaupt Bongo – einer der begnadetsten Raubritter des Kontinents – ließ anordnen, dass alle Anträge in der Hauptstadt Libreville zu bearbeiten seien und nicht in der jeweiligen Botschaft. Um, zum Beispiel, meinen Namen mit den Namen der hunderttausend Regimegegner zu vergleichen. Er fürchtet jeden, auch Männer mit Rucksäcken.

Und würde ich endlich dort landen, ich käme wieder nicht vorwärts. Weil weiter unten, in Angola, ein Bürgerkrieg sein bald zwanzigjähriges Jubiläum feiert und Regierungstruppen gerade das Hauptquartier der UNITA-Rebellen in Huambo zerbomben. Die Stadt, die direkt an der Route in den Süden liegt. Dennoch, um ein Haar hätte ich in der angolanischen Botschaft in Lomé ein Visum erhalten. Ich redete so lange, bis man sich auf die Suche nach dem passenden Stempel machte. Vergeblich, er blieb verschwunden.

Zwei Tage später fliege ich über Simbabwe nach Namibia. Einträchtige Länder mit einem prompten, spesenfreien Visaservice. Von Windhoek mit dem Bus nach Südafrika. Bis zuletzt heil und mit dem vollständigen Rest meiner Barschaft. Aus Angst, noch bei der Zollkontrolle am Flughafen in Lagos enteignet zu werden, hatte ich die Geldscheine in den Rucksack genäht. Wie richtig. In der Nähe des Schildes «Don't give bribe» forderten die Beamten ein letztes Mal ein «bribe», ein Schmiergeld. Während sie an meinem Körper entlangfummelten, sah ich entspannt den Rucksack Richtung Flugzeug verschwinden. Sie fauchten, ich lächelte. Dieser Augenblick war wichtig. Als Ausgleich für manche Demütigung.

In Johannesburg bin ich am Ziel. Nachdem ich ein Hotel gefunden habe, gehe ich den weiten Weg hinaus nach Rosebank, einem hübschen Vorort. So hatte ich es mir vorgenommen, schon in Europa, schon von Anfang an. Denn hier liegt ein kleiner, stiller Friedhof und ein Mann, der – wie ich mir einbilde – mein Freund war. Er hieß Ken Oosterbroek, Jahrgang 62, und wurde am frühen Nachmittag des 18. April 1994 erschossen. In Thokoza, einem elenden Viertel im Süden von Joburg. Fünf Tage vor den ersten demokratischen Wahlen, fünf Tage vor dem Ende der Apartheid.

Erlegt hat den «chief photographer» des «Star», der auflagenstärksten Zeitung des Landes, ein Soldat der «National Peace Keeping Force», der beim Marsch auf ein Zulu-Hostel die Nerven verlor und abdrückte. Die Kugel zerfetzte Kens Brust. Als er am Boden aufschlug, war er bereits tot. Das ist ein lächerlicher Trost für alle, die ihn liebten. Wie seine junge Frau Monica, von der ich nicht weiß, wie sie zu einem anderen, einem helleren Leben zurückfinden wird. Zu oft habe ich die beiden gesehen, just crazily, just madly in love.

Der Kerl war begabt, begabt wie wenige. Kurz vor seinem Tod wurde er zum dritten Mal als bester Fotograf seines Landes ausgezeichnet. Vielleicht passt für ihn ein Satz von Cartier-Bresson, der einmal meinte, dass das eine Auge weit geöffnet durch den Sucher schaut und das andere, das geschlossene, in die eigene Seele blickt. Ken war radikal subjektiv. Sein Objektiv benutzte er, um seine Vision von der Welt herzuzeigen.

Bei einer gemeinsamen Reportage über die Gewalt in den Pendlerzügen lernten wir uns vor zwei Jahren kennen. Ken war ein Verführer, ein Arbeiter, ein Schwitzer. Und ich war Zeuge seines täglichen Muts, will nicht mehr das Klicken eines Revolvers vergessen, der drei Zentimeter vor seiner Bauchdecke Ladehemmung hatte. Eher riskierte er seine nackte Haut als den Verlust seiner Kameras und seiner Filme. Er war das, was die Franzosen einen «amateur» nennen. Er war ein Liebhaber, einer, der liebte, was er tat.

Ein paar Wochen vor seinem Tod, als wir das letzte Mal zusammenarbeiteten, entdeckte ich in seinem Büro die Statue eines abgerissenen Männchens. Das war er, inzwischen auch zum «most mugged photographer of the country» gekürt. Jenem armen Schwein, das am häufigsten überfallen wurde.

Von Max Frisch stammt das Bild vom Schmerz, der sich als schwarzes Negativ in der Dunkelkammer des Herzens verstecke. Weil der Schmerz Zeit braucht, um sich zu «entwickeln». Damit das Herz Zeit habe, sich an ihn zu gewöhnen, ihn auszuhalten. Dass einer nicht mehr da ist, der so nahe war, das ist so schnell nicht zu begreifen.

Der so schöne, himmelblau bestrahlte Friedhof. Er gehört einer anglikanischen Gemeinde. Es gibt keine Gräber, nur Wiese, Bäume, dichte Sträucher. An einer unbekannten Stelle, einen halben Meter unter dem Gras, liegt die Box mit Kens Asche.

Ich habe nicht so viele Freunde. Und in Südafrika hatte ich nur den einen. Damit ich das jetzt aushalte, will ich von der heitersten Episode berichten, die wir erlebten. Wann immer es uns schlechtging, hat einer den anderen daran erinnert. Als Heilmittel gegen die Kriegsgeschichten in seinem Land.

Wir saßen in unserem Leihwagen, irgendwo in Soweto. Die Türen standen offen, und Ken packte den Sandwich-

Beutel aus. Es war kurz nach ein Uhr mittags, seit 4.30 Uhr früh waren wir unterwegs, wir waren hungrig. Zwei friedliche Bissen schafften wir, dann sahen wir einen breiten Kerl auf uns zuschlendern. Ganz offensichtlich war auch er mit nüchternem Magen unterwegs, denn seine ausgehungerten Augen fixierten umgehend unser Pausenbrot. Der Dicke wäre nicht der Rede wert gewesen, hätte er sich ohne seine ein Meter lange Brechstange auf die Suche nach einem Mittagessen gemacht. Mit der deutete er auf unsere Hamburger und sagte trocken: «Her mit den Sandwiches.»

Nun, wir kamen davon. Der Brechstangenbesitzer ließ mit sich reden. Unser Hungergeheul imponierte ihm, mit der Hälfte der Beute trottete er davon. Eine Portion für den Dicken, eine für die zwei Dünnen, irgendwie schien uns das gerecht. Minuten später erfand Ken das Wort vom «Sandwich-Hijacker». Ein sogleich geflügelter Ausdruck, der uns fortan immer – fröhlich grinsend – dazu veranlasste, Sicherheitsvorkehrungen zu treffen, um eine pannenfreie Nahrungsaufnahme zu garantieren. Unser eigenes Auto war uns schon vor Tagen, mit Waffengewalt, gehijacked worden. Das Brot und die Fleischstücke, die zumindest, wollten wir in Zukunft behalten.

Vor dem Friedhof nehme ich ein Taxi und fahre zum nächsten Reisebüro. Morgen fliege ich zurück. Die Reise durch Afrika ist zu Ende. Noch beim letzten Telefongespräch hatte Ken versprochen, mich wieder in Paris zu besuchen. Und mir ein südafrikanisches Sandwich vorbeizubringen. Unter der Bedingung allerdings, dass ich einen Kinderwagen den ganzen Champs-Elysées hinaufschöbe. Er meckerte vor Glück. Dass mir nicht vieles unerträglicher ist als der sonntagnachmittägliche Anblick kinderwagenschiebender Männer, wusste er genau.

Das Meckern wird mir fehlen. Wie das Sandwich. Wie die Angst, die wir nie wieder haben dürfen, wenn einer ums Eck schlendert, um unser Mittagessen zu beschlagnahmen.